TODO ES POSIBLE
para el que tiene
FE

PBRO. IVÁN RODRIGO CARDONA RÍOS
Siervo del Espíritu Santo

Publicado por Ibukku
www.ibukku.com
Diseño y maquetación: Índigo Estudio Gráfico
Copyright © 2020 Pbro. Iván Rodrigo Cardona Ríos
ISBN Paperback: 978-1-64086-572-3
ISBN eBook: 978-1-64086-573-0

Índice

Presentación

Nos encontramos ante el fenómeno de la pérdida de la fe en Dios y el desafío de reconocer a Jesús como médico, restaurador y salvador de nuestras vidas; por tal motivo, la fe debe hacerse viva cada día en nuestras vidas, es el escenario que nos pone la Iglesia católica como auténticos cristianos para analizar qué tan profunda es nuestra fe, las razones para creer, la intensidad con la que debemos creer cada día en un Cristo vivo, crucificado y resucitado. Este libro: **Todo es posible para el que tiene fe**, nos ayudará en nuestra aventura de la fe, la que hemos heredado y recibido de nuestros padres, la antorcha que ilumina nuestro sendero, la que opera signos maravillosos y prodigios en nuestras vidas, ya que todo es posible, con la fe todo se puede superar, todo se puede recibir, todo se puede transformar, ya que es Dios quien lo hace todo nuevo cuando poseemos la fe, madura, viva y eficaz para asumir los sentimientos de Cristo.

El apóstol Pablo nos ayuda a entrar dentro de esta realidad cuando escribe: "con el corazón se cree y con los labios se profesa" (cf. *Rm* 10, 10). El corazón indica que el primer acto con el que se llega a la fe es don de Dios y acción de la gracia que actúa y transforma a la persona hasta en lo más íntimo.

Profesar con la boca indica, a su vez, que la fe implica un testimonio y un compromiso público. El cristiano no puede pensar nunca que creer es un hecho privado. La fe es decidirse a estar con el Señor para vivir con él. Y este "estar con él" nos lleva a comprender las razones por las que se cree. La fe, precisamente porque es un acto de la libertad, exige también la responsabilidad social de lo que se cree. La Iglesia en el día de Pentecostés muestra con toda evidencia esta dimensión pública del creer y anunciar a todos sin temor la propia fe. Es el don del Espíritu Santo el que capacita para la misión y fortalece nuestro testimonio, haciéndolo franco y valeroso.

La Iglesia es la primera que cree, y así conduce, alimenta y sostiene mi fe. La Iglesia es la primera que, en todas partes, confiesa al Señor. "La fe es un don sobrenatural de Dios. Para creer, el hombre necesita los auxilios interiores del Espíritu Santo".[1] Desde la parroquia se percibe como los cristianos crecen cada día en la fe, nuestra fe se ha ido renovando cada día por la presencia de Cristo y se alimenta en la divina eucaristía. Como olvidar esas maravillosas horas santas y misas por los enfermos en las que el Señor ha derramado tanta bendición para su pueblo, tantos enfermos que han sido curados, tantas bendiciones que el Señor ha derramado y seguirá derramando a quienes creemos en su eterno poder, misericordia y amor.

"Creer" es un acto humano, consciente y libre, que corresponde a la dignidad de la persona humana.[2]. "La fe es un acto personal: la respuesta libre del hombre a la iniciativa de Dios que se revela. Pero la fe no es un acto aislado. Nadie puede creer solo, como nadie puede vivir solo. Nadie se ha dado la fe a sí mismo, como nadie se ha dado la vida a sí mismo. El creyente ha recibido la fe de otro, debe transmitirla a otro. Nuestro amor a Jesús y a los hombres nos impulsa a hablar a otros de nuestra fe. Cada creyente es como un eslabón en la gran cadena de los creyentes.

---

1 Catecismo Eclesial Católico #179
2 Ibid # 180.

Yo no puedo creer sin ser sostenido por la fe de los otros, y por mi fe yo contribuyo a sostener la fe de los otros."[3]

Confirmar la fe de los otros creyendo, es el testimonio que debemos transmitir cada día. "¡Simón, Simón! Mira que Satanás ha solicitado el poder cribaros como trigo; pero yo he rogado por ti, para que tu fe no desfallezca. Y tú, cuando hayas vuelto, confirma a tus hermanos." (Lc. 22, 31-32). Confirmar la fe, porque el mal quiere destruir nuestro vínculo con Dios, debilitar nuestra fe, hasta la incredulidad. Desfallecemos constantemente en la fe cuando le damos poder y autoridad a los problemas y dificultades, a las tentaciones y pruebas, a las enfermedades y perturbaciones del mal. Pero es Jesús quien sigue orando por cada uno de nosotros para que conservemos la fe y perseveremos hasta las últimas consecuencias como testigos del Señor en nuestra familia, y en todos los ambientes en donde la fe está herida y debilitada por la frialdad espiritual o más aún, donde el rostro de la fe se ha desfigurado hasta llegar a una creencia subjetiva en cualquier dios.

Cada día es un reto sostenerse en la fe y por ello, te invito a no desfallecer sino a fortalecerse mucho más en la presencia de Dios, porque la auténtica fe no desfigura la vida sacramental de la Iglesia católica, sino que el auténtico rostro de la fe, está enraizada en la vida sacramental y nos lleva a vivir a plenitud una experiencia maravillosa de Dios. No te rindas ante las propuestas de fe que se presentan, sino que salvaguarda la fe que has heredado de tus padres, porque esa semilla de la fe acompañada de las buenas obras es credibilidad para el mundo. Por esta fe se operan los signos y prodigios en el diario vivir porque el nacimiento en la fe es un nacimiento a la gracia y la oración en fe sanará al enfermo que, ante la duda y la perdida de fuerzas,

---

3 Carta Apostólica La Puerta De La Fe #166

ven en la fe la mejor y única salida a su enfermedad, porque la oración es escuchada por el Señor.

Por tanto, la fe opera milagros que humanamente no se daría por la ciencia, porque la fe abre un abanico de posibilidades en Dios que es eterno y es el dueño de la vida y la muerte y da la salud a sus hijos. Aunque muchos no lo crean sólo la puerta de la fe es la que hace posible lo imposible.

¡Creo, Ayuda a mi Poca Fe!

"Al llegar donde los discípulos, vio a mucha gente que les rodeaba y a unos escribas que discutían con ellos. Toda la gente, al verle, quedó sorprendida y corrieron a saludarle. Él les preguntó: "¿De qué discutís con ellos?". Uno de entre la gente le respondió: Maestro, te he traído a mi hijo que tiene un espíritu mudo y, dondequiera que se apodera de él, le derriba, le hace echar espumarajos, rechinar de dientes y le deja rígido.

He dicho a tus discípulos que lo expulsaran, pero no han podido. Él les responde: "¡Oh generación incrédula! ¿Hasta cuándo estaré con vosotros? ¿Hasta cuándo habré de soportaros? ¡Traédmelo!" Y se lo trajeron. Apenas el espíritu vio a Jesús, agitó violentamente al muchacho y, cayendo en tierra, se revolcaba echando espumarajos. Entonces él preguntó a su padre: ¿Cuánto tiempo hace que le viene sucediendo esto? Le dijo: "Desde niño. Y muchas veces le ha arrojado al fuego y al agua para acabar con él; pero, si algo puedes, ayúdanos, compadécete de nosotros."

Jesús le dijo: "¡Qué es eso de si puedes! ¡Todo es posible para quien cree!". Al instante, gritó el padre del muchacho: "¡Creo, ayuda a mi poca fe!". Viendo Jesús que se agolpaba la gente, increpó al espíritu inmundo, diciéndole: «Espíritu sordo y mudo, yo te lo mando: sal de él y no entres más en él.» Y el espíritu salió dando gritos y agitándole con violencia. El muchacho quedó como muerto, hasta el punto de que muchos decían que había muerto. Pero Jesús, tomándole de la mano, le levantó y él se puso en pie. Cuando Jesús entró en casa, le preguntaban en privado sus discípulos: "¿Por qué nosotros no pudimos expulsarle?". Les dijo: "Esta clase con nada puede ser arrojada sino con la oración.""[4]

Generación Incrédula es Hora de ser Creyente

Jesús sigue haciendo las obras del Padre y su poder taumaturgo se manifiesta destruyendo el poder de las tinieblas y a aquellos a quienes tiene atado el poder demoniaco. "En este caso se resalta la incapacidad de los discípulos para expulsar al demonio y la enseñanza de Jesús sobre este tipo de exorcismos."[5] La pedagogía divina nos enseña la incapacidad de los discípulos para expulsar el espíritu del mal y es un tema delicado y espinoso porque muchas veces se dan pretensiones para esa lucha contra el mal sin un mínimo de preparación y la idoneidad del caso para enfrentar el poder de las tinieblas. Y es allí, donde viene la enseñanza de Jesús que tiene la autoridad para ordenar al mal que, a su vez se somete a su autoridad en este exorcismo.

"El carácter mismo de la narración revela que este exorcismo fue un acontecimiento real en la vida de Jesús, ya que ha sido conservado en las tres tradiciones sinópticas[6] y difícilmente se podría haber inventado una historia tan desfavorable para los discípulos. El caso manifiesta el extraordinario poder de Dios en Jesús."[7] Es desfavorable para los discípulos porque todavía su fe es frágil y se requiere cimentar convicciones de fe. "He dicho a tus discípulos que lo expulsaran, pero no han podido. Él les

---

4 Marcos 9, 14-29. Biblia de Jerusalén. Bilbao, editorial Desclee de Brouwer, 1999

5 Santiago Guijarro. Los cuatro evangelios. Ediciones Sígueme, Salamanca 2012. Pág 247

6 Tradición sinóptica hace referencia a los evangelios de san Mateo, san Marcos y san Lucas.

7 Salvador Carrillo. El evangelio según san Marcos. Editorial Verbo Divino, Navarra, 2008. Pág. 159.

responde: ¡Oh generación incrédula! ¿Hasta cuándo estaré con vosotros? ¿Hasta cuándo habré de soportaros? ¡Traédmelo!."[8]

Puede ser entendida esta respuesta de Jesús como un reproche ante esta generación incrédula, pero en realidad es una invitación de madurez en la fe que debe ser ciega en Jesús, de abandono total en El. "Este apóstrofe duro, dirigido en general a todo incrédulo (Dt 32,5-6), engloba también a los discípulos, cuya fe todavía es raquítica, débil e inmadura: aún no han llegado a una fe plena (Mt 17,19-20). Sin embargo, más que un reproche, las palabras del Maestro son una invitación a crecer en la fe, a creer más fuertemente."[9]

¡Creo, Ayuda a mi Poca Fe!

"Entonces él preguntó a su padre: "¿Cuánto tiempo hace que le viene sucediendo esto?". Le dijo: "Desde niño. Y muchas veces le ha arrojado al fuego y al agua para acabar con él. Pero, si algo puedes, ayúdanos, compadécete de nosotros". Jesús le dijo: "¡Qué es eso de si puedes! ¡Todo es posible para quien cree!". Al instante gritó el padre del muchacho: "¡Creo, ayuda a mi poca fe!".[10]

Este dialogo de Jesús con el padre del muchacho está lleno de detalles, desde niño en donde el demonio le arrojaba al fuego y al agua para acabar con él. Pero su poder se acaba ante el increpar con autoridad de Jesús. "Ante la presencia del Señor, el demonio se inquieta, pierde el equilibrio y quiere manifestar espectacularmente su poder. Jesús se mantiene tranquilo y sereno. Él es el más fuerte (Lc 11,22). El breve pero intenso diálogo entre Jesús y el padre del niño es la cumbre doctrinal del pasaje:

8 Cf Marcos 9, 18b-19
9 Salvador Carrillo. El evangelio según san Marcos. Editorial Verbo Divino, Navarra, 2008. Pág 160.
10 Cf Marcos 9, 21-24

"Si algo puedes, ayúdanos, compadécete de nosotros". Es una súplica tímida y humilde, pero llena de esperanza. En el padre están representados todos los hombres. Tiene fe en Jesús, pero parece ser mínima. No es todavía una fe fuertemente cimentada, pues se manifiesta en condiciones: "Si puedes...". Es una fe utilitaria, que busca no a la persona de Jesús, sino el provecho propio en momentos difíciles: "¡Ayúdanos, compadécete de nosotros!"".[11]

La cumbre doctrinal del pasaje aboca a una petición tímida de ayuda ante la gravedad de la situación, además que, puede condicionar el poder de Dios. "El padre repite su suplica invocando la misericordia de Jesús. Pero ante la gravedad del caso se atreve a rogarle sólo con una reserva: si es que tienes algún poder. Habla con Jesús cómo con un médico "del que no se sabe hasta dónde llega su arte." (Lohmeyer). Es una fe débil, vacilante, la que aquí se dirige a Jesús."[12] El padre del niño ve en Jesús, la solución a su problema, pues le percibe como un médico sanador y liberador, poniendo reserva a su petición, esperando un provecho personal en el que visualiza que no va a ser defraudado en su intención. El peligro de la búsqueda de un interés personal por encima del poder de Dios lleva a una confusión en la dinámica de la fe, en la que se busca a Dios esperando recibir algo, pero no se busca a Jesús por la necesidad de edificar y construir la vida desde el cimiento de Dios. En otras palabras, se quiere el milagro, pero sin un compromiso serio de fe. Se busca a Dios por un interés mezquino, eso suele suceder ante la necesidad.

"Jesús, en cambio, se sitúa en otra dimensión y en un nivel superior. Para él, todo es posible, porque su fe en Dios, su Pa-

11 Salvador Carrillo Alday. El evangelio según san Marcos. Editorial Verbo Divino, Navarra, 2008. Págs. 160-161

12 Josef Schmid. El evangelio de San Marcos. Barcelona. Editorial Herder 1967. Págs. 254-255

dre, es absoluta y total: "Qué es eso de si puedes! ¡Todo es posible para el que cree!". Esto es, todo es posible para mí, porque tengo confianza plena y absoluta en mi Padre y no hago sino lo que es de su agrado (cf. Mt 21,21; Mc 11,22-24; Lc 17,6; Jn 8,29). A lo que el padre del niño respondió con una enérgica petición de la virtud de la fe: "¡Creo, ayuda a mi poca fe!". He aquí un acto de crecimiento en la fe y una súplica para ser sanado y fortalecido en el campo mismo de la fe (Lc 17,5)."[13]

La respuesta de Jesús rompe con la lógica de condicionar su poder taumatúrgico al expresar: "Todo es posible para el que cree". "No es Jesús el sujeto de la fe, sino quien le suplica con una fe verdadera, que pasa, así como a disponer efectivamente de la omnipotencia de Dios."[14] La reacción del padre al igual que cada persona que clama a Dios ante su necesidad esta enraizada en la humildad de decir: ¡Creo, ayuda a mi poca fe! Se conquista la humildad de pedir a Dios que infunda el don la fe para creer que todo es posible. Se abre el abanico de posibilidad ante la prueba y la tribulación, en la que la correspondencia divina no se hace esperar y actúa en favor del que clama en una súplica fervorosa y confiada.

La Oración Ferviente: Gracia que se invoca

"Cuando Jesús entró en casa, le preguntaban en privado sus discípulos: "¿Por qué nosotros no pudimos expulsarle?". Les dijo: "Esta clase de demonios no puede ser arrojada sino con la oración"".[15]

---

13 Salvador Carrillo Alday. El evangelio según san Marcos. Editorial Verbo Divino, Navarra, 2008. Pág. 161
14 Josef Schmid. El evangelio de San Marcos. Barcelona. Editorial Herder 1967. Pág. 255
15 Cf. Marcos 9, 28-29

El poder liberador de Jesús cuestiona a los discípulos queriendo descubrir la respuesta a su incapacidad de expulsar el mal. "Jesús no ha expulsado al demonio por medio de la oración sino por una orden suya. La respuesta de Jesús supone que hay diversas clases de demonios (cf. Mt 12,45) y de grados de posesión. El caso de entonces sólo hubiera podido ser dominado de los discípulos por medio de oración, lo cual sería la expulsión de los demonios por la concesión divina de la gracia suplicada, no por una simple orden, posibilidad reservada a Jesús."[16]

La enseñanza de Jesús nos denota que Jesús expulsa el mal por una orden de autoridad que en este texto está reservada solo a Él. Los discípulos no pudieron dominar el caso por falta de oración. Una oración ferviente y continuada. "De hecho, la oración es el lugar por excelencia de la gratuidad, del tender hacia el Invisible, el Inesperado y el Inefable. Por eso, para todos, la experiencia de la oración es un desafío, una "gracia" que invocar, un don de Aquel al que nos dirigimos."[17] Una gracia que invocar para entrar en contacto con Dios y un don que es dado por El, para entrar en su presencia y rendirse a su amor.

Todo con la oración y nada sin la oración. Debe ser un slogan para nuestro diario vivir. "Esta enseñanza de Jesús es una exhortación a la oración intensa y constante, en particular cuando se trata de circunstancias difíciles, principalmente frente al poder del demonio. Según algunos manuscritos, a la oración hay que añadir el ayuno."[18] En situaciones difíciles hay que profundizar más en la experiencia de oración, para estar

16 Josef Schmid. El evangelio de San Marcos. Barcelona. Editorial Herder 1967. Págs. 255-256

17 Javier Sánchez-Cervera de los Santos. Catequesis sobre la oración Benedicto XVI. Editorial Ocdmx.org, Pág 25. https://books.apple.com/hn/book/escuela-de-oraci%C3%B3n/id676187648

18 Salvador Carrillo Alday. El evangelio según san Marcos. Editorial Verbo Divino, Navarra, 2008. Pág. 162

bien cimentados y fortalecidos para enfrentar la lucha. Necesitamos de esta diálisis espiritual en la oración para confrontar las argucias del mal y los signos de muerte, además, se invita acompañarlo con el ayuno porque es vital sacrificar de apetitos y deseos, recuperando el sentido de la ascética y de la fuerza interior para momentos de tribulación.

"El hombre lleva en sí mismo una sed de infinito, una nostalgia de eternidad, una búsqueda de belleza, un deseo de amor, una necesidad de luz y de verdad, que lo impulsan hacia el Absoluto; el hombre lleva en sí mismo el deseo de Dios. Y el hombre sabe, de algún modo, que puede dirigirse a Dios, que puede rezarle. Santo Tomás de Aquino, uno de los más grandes teólogos de la historia, define la oración como «expresión del deseo que el hombre tiene de Dios»."[19] Deseo que debe alimentarse día a día, estableciendo un dialogo íntimo con el ser supremo hecho carne en la persona de Jesús.

19 Javier Sánchez-Cervera de los Santos. Catequesis sobre la oración Benedicto XVI. Editorial Ocdmx.org, Págs 23-24. https://books.apple.com/hn/book/escuela-de-oraci%C3%B3n/id676187648

Está a la Puerta y Llama: Ábrete a la Fe

"Cada hombre tiene una puerta por la que entra Cristo."[20] Por tanto, el hombre no puede abrir sin la colaboración de Dios y Dios no quiere abrir sin la colaboración del hombre. El que entró a puertas cerradas en el cenáculo, no entra a puertas cerradas en el corazón del hombre, sino que "está a la puerta y llama" (Ap.3, 20). El Señor toca a la puerta de nuestra vida y es imposible no abrirse a la gracia, cerrarse a los coqueteos con este mundo y el mal y abrirse al encuentro con la fuente de la vida.

La virtud de la fe "es una disposición habitual siempre dispuesta a entrar en acción, un principio operativo, una capacidad que facilita el ejercicio de una potencia (en este caso la inteligencia) por medio de un acto (creer). El acto, que pasa, es expresión de algo más profundo y permanente, de un estar arraigado en Cristo, puesto que Cristo (el objeto de la fe) vive en el sujeto que cree."[21]

Leemos en los hechos de los Apóstoles: "había abierto la puerta de la fe a los gentiles" (14, 27). Dios abre la puerta de la fe, en el sentido de que da la posibilidad de creer, enviando a quien predica la Buena Nueva; El hombre abre la puerta de la fe acogiendo esa posibilidad, obedeciendo a la fe, es decir, creyendo. Es importante abrir las puertas no cerrarlas, Dios abre las puertas, pero lastimosamente el hombre las cierra, porque

---

20 San Ambrosio, De inst. virg. 54: PL 16,334
21 Santo Tomas de Aquino. Summa Teologica III parte II-II (a). Biblioteca de Autores Cristianos. Madrid 1988. Pág 37

prefiere una vida más cómoda y menos exigente, que la que espera Dios para el que cree.

El justo vive por la fe. Al hablar de la fe que justifica, San pablo cita el famoso oráculo de Habacuc: "el justo por su fidelidad vivirá" (Hb 2, 4). Hay una solemnidad insólita en el modo en el que se introduce el oráculo Divino: "Escribe la visión, grábala en las tablillas... si tarda espérala... el que no es justo sucumbirá, pero el justo por su fidelidad vivirá". Al profeta se le pide el salto de la fe. Dios no resuelve el enigma de la historia, pide que nos fiemos de él y de su justicia a pesar de todo. La solución no está en que la prueba cese, sino en el aumento de la fe. Ya que por la fe Cristo hace morada en nuestros corazones, entonces **la fe hace del corazón una cuna para Jesús. Escribir la visión** es permitirle a Dios que escriba cada día nuestra historia con la tinta del Espíritu, **Grabarla en las tablillas** es acogerla en lo profundo del corazón, que se olviden los sinsabores y amarguras de este mundo, pero que queden grabadas las experiencias de fe que se experimentan con Dios. **Si tarda espérala**, es la preparación en la vigilancia y espera que debe tener el cristiano para edificar su vida no sobre falsas seguridades humanas sino en la roca firme. Ese el hombre que vivirá por la fe, que alimenta, nutre, confía, busca, espera en él.

Esta es la puerta de la fe que hay que abrir de par en par a Cristo: la puerta de la fe grande, la fe que justifica al impío, la fe que está en el origen de la vida nueva, la fe que dice si a la gracia. "Habéis sido salvados gratuitamente por la fe y esto no es cosa vuestra es un don de Dios" (Ef 2, 8). Es una puerta que al principio es siempre demasiado estrecha y debe dilatarse durante toda la vida. Cuanto más se ensancha, se ahonda en el mar de la profundidad del misterio amoroso de Dios.

Es la fe la que determina la medida de lo que se recibirá. Por la fe, se apropian las gracias que Dios tiene preparadas, y se cumplen sus promesas. Es la fe la que determina lo que se recibirá. Jesús se asombra por la fe de aquél centurión: "Al oír esto Jesús quedó admirado y dijo a los que le seguían: "os aseguro que, en Israel no he encontrado en nadie una fe tan grande". (Mt 8, 10), el relato más adelante expresa: "luego dijo Jesús al centurión: "ve y que te suceda como has creído". Y en aquella hora sanó el criado. (Mt 8, 13). Desde esta perspectiva se nos manifiesta que abrirse a la fe no es otra cosa que esperar los signos y prodigios de Dios como fruto de la evangelización porque no hay evangelización sin signos y mucho menos signos sino se ha evangelizado.

"Podemos comparar la fe con una mano. La gracia es la mano de Dios que se extiende para ofrecer la salvación y la vida; la fe es la mano del hombre que se extiende para acoger el don...Ella es la que le abre al hombre todas las posibilidades, porque "todo es posible para quien cree" (Mc 9, 22). Por otra parte, la fe es una posibilidad que está en nuestra mano. Creer significa consentir que es verdadero lo que se nos dice y el consentir está en poder de nuestra voluntad".[22]

"Por lo tanto, está en nuestro poder creer; Dios nos ha hecho de modo que podamos creer, aunque este mismo poder, como todos los demás, viene de Dios y es don suyo"[23] Este tiempo es propicio para creerle a Dios. Un Dios cercano, amigo y pastor que acompaña a su pueblo y le corrige con amor, un Dios que nos invita a compartir de su mesa y nos da su victoria por la fe, victoria que nos va trazando caminos viables de crecimiento y maduración en la fe. Somos la Iglesia que se fundó en

22 Raniero Cantalamessa. Con Cristo en el Tercer Milenio. Editorial monte Carmelo, Burgos, 2004. Pag 117-118
23 San Agustín, De Spir. Lit. 31, 54:CSEL 60, 211s

un acto de fe y se sigue manteniendo sobre la fe. Ese acto de fe se vio reflejado en María que creyó a la palabra de Dios. María es la puerta personificada.

En el profeta Ezequiel leemos: "Me llevó hasta la puerta exterior del templo, la que da a oriente: estaba cerrada. Y el Señor me dijo: esta puerta permanecerá cerrada, porque por aquí ha entrado el Señor, el Dios de Israel; quedará pues cerrada" (Ez 44, 1-4). San Ambrosio se preguntó "¿Quién es esta puerta sino María? Cerrada porque es virgen… buena puerta es María, que estaba cerrada y no se abría. La superó Cristo pero no la abrió". María es la puerta cerrada y abierta al mismo tiempo: cerrada al hombre y abierta a Dios, cerrada a la carne y abierta al Espíritu. Así debe ser la puerta de nuestro corazón. Es virgen "porque custodia íntegra su fe".[24]

María fue la primera en abrir de par en par, a Cristo la puerta de su fe. "Ella concibió, por la fe dio a luz. Lo concibió en su corazón mediante la fe, aún antes de concebirlo en su cuerpo. De aquí su exhortación a imitar a María: Su madre llevó a Jesús en el seno, llevémoslo nosotros en el corazón. La virgen quedó embarazada con la encarnación de Cristo, que nuestros corazones estén grávidos de la fe en Cristo. Concibe a Cristo quien cree con el corazón por la justificación, lo da a luz quien hace con la boca profesión para la salvación. Por tanto, concebidlo mediante la fe, dadlo a luz con vuestras obras."[25]

Abre la puerta a la fe, porque todo es posible para el que tiene fe. Se abren las puertas, se estremece el corazón del hombre cuando hay fe. Se puede cerrar la puerta de la fe por la negligencia y la soberbia para creerle a Dios. "Koenig (2011) afirma que, tanto la espiritualidad como la religiosidad se refieren a las creencias y

24 Lumen Gentium. Constitución dogmática # 64
25 San Agustín, sermones 215, 4; 189,3; 191,3,4; 192: PL 38, 1006, 1074, 1011, 1012.

prácticas basadas en la convicción de que existe una dimensión trascendental (no material) de la vida. Psicológicamente, estas creencias son importantes porque influyen en las atribuciones, los significados y en la forma en que establecen sus relaciones con los demás y con el mundo. Las diferencias consisten en que la religiosidad tiene que ver con la aceptación de creencias asociadas al culto de una figura divina y la participación en actos públicos y privados relacionados con ella, mientras que la espiritualidad describe lo privado, la relación de intimidad entre el ser humano y lo divino, y las virtudes que se derivan de esa relación".[26]

Desde esta perspectiva se puede expresar que todos los seres humanos son religiosos, pero no todos son personas espirituales porque no se establece esa relación de intimidad. Dios está en continua relación que sale al encuentro de la humanidad y una cultura actual que se mueve por la relación con el otro, tal relación consiste en un salir de sí mismo para encontrarse con el otro, es decir, como la Trinidad es donación sin reserva alguna, así los hombres descubren al Dios relacional que les lleva a establecer vínculos con los otros, en los que se va configurando una realidad desde las relaciones establecidas y desde este principio se puede manifestar la unidad en la diversidad.

Este es el momento, en la situación que estás viviendo, en tus problemas sin resolver, en tu enfermedad terminal, en las deudas que tienes, en tus problemas familiares, en que puedes abrir esa puerta del corazón para decirle a Dios, haz tu obra en mi vida porque todo es posible para mí que creo en Ti.

---

26 Carlos Fayard. Cultura, neurociencia y espiritualidad: abordaje neuropsico-espiritual en psicoterapia. Pág 21

Abandonarse a la Providencia Divina

"He aquí lo que es la fe: rendirse a Dios, pero transformando la propia vida. Responder con generosidad al Señor. Pero ¿quién dice este sí? Quien es humilde y se fía completamente de Dios".[27] Fiarse en Dios es el abandono total en Él, la confianza que no defrauda. La Fe nos lleva a poner a Dios en el primer lugar de nuestras vidas, por tanto, por la fe, se nos llama a responder con generosidad al proyecto de Dios. Esta es la aventura de la fe que se abre no a lo inesperado sino a la providencia divina.

La providencia divina no es un parasitismo religioso: "no os preocupéis de la comida ni del vestido, pues siempre habrá quien trabaje por vosotros..." Jesús trabajó durante treinta años y durante su ministerio confiando en la voluntad del Padre, pero haciendo también la voluntad del Padre. "Sería locura tentar a Dios esperar, sin hacer nada, que Dios nos socorra en las cosas en que podemos ayudarnos nosotros con nuestro trabajo.[28]

No debemos dejar a Dios que nos socorra, dejándole sólo la carga a él y haciéndolo culpable de que no se dé lo que queremos; cuando damos un paso en fe, hacia adelante sin mirar atrás, con una sabia decisión, entonces Dios respalda. Algunos quieren recibir todo de la divina providencia y así no actúa Dios. Él parte de la realidad, del pan y del pez en el texto bíblico de la multiplicación de los panes y peces, es decir, Dios parte

---

27 Juan Pablo I, Aloc. 13-Ix-1978
28 Santo Tomás de Aquino. Suma contra los gentiles, III, 135

de tu realidad, de lo que propones. "¿cómo te atreves a esperar recibir si tú te niegas a dar? (San Felipe Neri), dando es como se recibe, perdonando es como Dios nos perdona. Quieres algo, lucha por ello, Dios abrirá las puertas que se tengan que abrir, para lograrlo, pero con los brazos cruzados, esperando sólo recibir sin dar es imposible.

Dios es el alfarero que moldea su barro, él sabe qué clase de barro somos y lo que puede potenciar en cada uno de nosotros. Pero es importante permitirle a Dios obrar, de lo contrario estaríamos colocando nuestras condiciones a Dios, cuando es Él, el que dirige el camino del hombre. Un hombre que tiene una autoestima sana está en esta constante relación interpersonal de dar y recibir, da afecto y recibe afecto, da amor y recibe amor, da perdón y recibe perdón, da fe y recibe fe. Algunos que tienen el desequilibrio en su autoestima se les dificulta dar, están enseñados a que todo se lo hagan y se lo den, son egoístas. Y a otros se les dificulta recibir, están enseñados a dar, que no esperan de los demás y se vuelven autosuficientes, por eso es tan importante aprender a dar y aprender a recibir.

"Buscad en cambio el reino de Dios y todo eso se os dará por añadidura".[29] Vemos que muchas personas se preocupan más por las añadiduras de este mundo que, por la búsqueda continua del reino de Dios y tenemos que preguntarnos si verdaderamente en nuestra vida hay espacio para iniciar otra búsqueda más importante como es la del Reino de Dios. "La perfección consiste en conocer la preocupación del mañana y sin embargo superarla con **las alas de la fe**. El verdadero abandono es el que vivió Jesús, que podía decir: "Las zorras tienen madriguera y los pájaros nido, pero el Hijo del Hombre no tiene donde reclinar la cabeza". (Lc 9, 58)"[30]

---

29 cf. Lucas 12, 31
30 Raniero Cantalamessa. Un himno de silencio. Pág 69

Por ello, se puede decir, que solo con las alas de la fe, se puede superar todo, se debe volver a las fuentes de nuestra vida, muchos están en el desierto de la fe, caminando en la aridez o crisis de la fe; otros en el pozo de la fe, en donde están estancados sin posibilidad de crecer; otros van escalando en la fe hacia el monte, ¿cuál monte? El monte Sinaí o el monte tabor?, en el monte Sinaí en donde nos encontramos con un Dios que nos habla como a Moisés y nos enseña a vivir, o el monte tabor (montaña del toro), está el peligro de coquetear con la idolatría, en donde la fe se va desfigurando cada día, cayendo en un sincretismo religioso, adoptando muchas falsas imágenes de Dios y falsas creencias supersticiosas que van lesionando la fe, otros se quedan en Betania con Jesús, comparten en familiaridad su fe, unos escuchan a Jesús, otros trabajan con Jesús, oran y accionan su cristianismo.

"Emprendemos en unas barquillas una larga travesía, marchamos hacia el cielo con débiles alas. Nuestro espíritu nos impele a cantar a Dios, a ese Dios al que ni los espíritus celestiales pueden adorar como él se merece".[31] "Un símbolo muy sugerente de Dios en la sagrada escritura, es el de las "alas". Denota, ante todo, protección: "guárdame como a las niñas de tus ojos, a la sombra de tus alas escóndeme" (sal 17,8). Otras veces el mismo símbolo indica Elevación. En esos casos, a los hombres no se les imagina bajo las alas de Dios sino sobre ellas: "os llevé sobre alas de águila y os traje a mí"" (Ex 19, 4).[32] Protección y Elevación, son las alas de la fe, que nos fortalecen en nuestro camino hacia el Padre. Bendecidos y activos para continuar haciendo de nuestra vida un altar para Dios y un testimonio creíble para el mundo. La larga travesía en la fe consiste en dejarnos llevar por el Señor para continuar la tarea evangelizadora.

---

31 San Gregorio Nazianceno. Poemas teológicos, El Padre: PG 37, 397.
32 Raniero Cantalamessa. Un himno de silencio. Pág 23

Todo es posible para aquel que se abandona en la providencia divina por su fe; la fe provee tu vida, te ayuda a trabajar por construir el reino y te hace útil para Dios. Y Él se encargará de toda tu vida, pues en el vivimos, nos movemos y existimos.

Los Bienes que Proporciona la Fe

"La fe nos proporciona cuatro bienes: Por la fe el alma se une a Dios. Por la fe se incoa en nosotros la vida eterna; pues la vida eterna no es otra cosa que conocimiento de Dios. La fe dirige la vida presente. Con la fe vencemos las tentaciones".[33] Estos bienes nos ayudan a entrar en una plena y perfecta comunión con Dios. Nada ni nadie podrá separarnos del amor de Dios: "¿Quién nos separará del amor de Cristo? ¿La tribulación?, ¿la angustia?, ¿la persecución?, ¿el hambre?, ¿la desnudez?, ¿los peligros?, ¿la espada?, como dice la Escritura: Por tu causa somos muertos todo el día; tratados como ovejas destinadas al matadero. Pero en todo esto salimos vencedores gracias a aquel que nos amó. Pues estoy seguro de que ni la muerte ni la vida ni los ángeles ni los principados ni lo presente ni lo futuro ni las potestades, ni la altura ni la profundidad ni otra criatura alguna, podrá separarnos del amor de Dios manifestado en Cristo Jesús Señor nuestro."[34]

1. **Unidad con Dios**. Nuestra alma se une a Dios por la fe, esta unidad tan íntima nos manifiesta esta participación de la vida Divina. Unidos a Cristo como el sarmiento a la vid. "Yo soy la vid verdadera, y mi Padre es el viñador. Todo sarmiento que en mí no da fruto, lo corta, y todo el que da fruto, lo limpia, para que dé más fruto. Vosotros estáis ya limpios gracias a la Palabra que os he anunciado. Permaneced en mí, como yo en vosotros. Lo mismo que el sarmiento no puede dar fruto por sí mismo, si no permanece en la

---

33 Santo Tomas de Aquino, Sobre El Credo, 1. C., Pp. 29-31
34 Romanos 8, 35-39

vid; así tampoco vosotros si no permanecéis en mí. Yo soy la vid; vosotros los sarmientos. El que permanece en mí y yo en él, ése da mucho fruto; porque separados de mí no podéis hacer nada". (Jn 15, 1-5)

2. **Empezamos a degustar en esta vida terrena, la vida eterna.** Recordamos aquí como expresa san Agustín que lo que se ve es transitorio pero lo que no se ve es eterno, podemos degustar desde ahora ya por la unión con Cristo esta vida eterna, una morada preparada por Jesús en la casa del padre, por tanto, "la eucaristía es fármaco de inmortalidad, antídoto para no morir, sino vivir siempre en Jesucristo". (Ignacio de Antioquía)

3. **La fe dirige la vida presente.** Sólo por la fe nos sostenemos firmes como las antorchas que dan luz al caminar del hombre. "La fe se asemeja a una antorcha, porque por ella se ilumina la marcha del hombre interior."[35] El hombre es iluminado interiormente por lo que cree, si cree que es un fracasado así será su destino, pero si cree firmemente que está llamado a marcar huella en los seres humanos y es un libro abierto para que Dios escriba su historia en su vida, su camino será de bendición para muchas personas. Sin fe no se puede vivir y las vacilaciones en la fe llevan al abismo.

4. **Con la fe vencemos las tentaciones.** "Nuestra vida, mientras dura esta peregrinación, no puede verse libre de tentaciones; pues **nuestro progreso se realiza por medio de la tentación** y nadie puede conocerse a sí mismo si no es tentado, ni puede ser coronado si no ha vencido, ni puede vencer si no ha luchado, ni puede luchar si carece de enemigo y de tentaciones" (San Agustín).

---

35 San Remigio, En Catena Aurea, Val. I, P. 390

Así que, en la gran batalla por no dejarnos persuadir y caer en el vacío, que es perdida del gran don de la inmortalidad, de la gracia, del amor, es necesaria la tentación para ver el progreso integral del ser humano, como lo expresaba San Agustín para labrar el camino de la perfección, pero con la fe, vencemos al mundo, al enemigo, a la carne que ahoga el espíritu que da la vida. "La fe, si es fuerte, defiende toda la casa"[36]

Ahora bien, estos bienes nos ayudan a perfeccionar en la fe, a nutrir cada día nuestra experiencia de Dios y a conservarla. "Así como a la serpiente no le importa perderlo todo, aunque sea seccionando su cuerpo, con tal de conservar la cabeza, así también tú debes estar dispuesto a perderlo todo, tu dinero, tu cuerpo y aun la misma vida, con tal de que conserves la fe. La fe es la cabeza y la raíz; si la conservas, aunque pierdas todo lo demás, lo recuperarás luego con creces"[37]. Perdemos imagen, fama, aplausos de este mundo, adulaciones, posiciones, prestigios, pero lo más importante es no perder la fe, conservarla intacta, no dudar de ella, custodiarla hasta el final porque ella nos sostendrá en momentos de prueba. La fe es la cabeza y la raíz de todo, porque cuando se pierde la fe se eclipsa la experiencia de Dios, se pierde el deseo, el aliento, el hálito de vida.

La fe nos abre a horizontes que solamente Dios va mostrando para que se manifieste su gloria. Estos bienes que nos da la fe, nos manifiestan una potencia divina, que se desvela en la teología del acto de fe, el cual nos permite descubrir las bondades de la fe para el crecimiento y perfección cristiana. Todo es posible para aquel que entra en perfecta y plena comunión con Dios por la fe, ella nos proporciona estos bienes que nos van dirigiendo en nuestra perfección cristiana como hijos de Dios.

36 San Ambrosio, Coment. Sobre El Salmo 18, 12, 13
37 San Juan Crisóstomo, Hom. Sobre S. Mateo, 33

Las Dimensiones de la Fe

¿Quién podrá dimensionar la fe? Definitivamente podemos acercarnos cada día a nutrirla creyendo porque sólo ella es garantía de las bendiciones que esperamos, pues recordamos ese bello relato del libro de Santiago cuando se nos expresa que la oración del justo tiene mucho poder.

La fe en Dios comporta tres dimensiones que S. Agustín enunció con esta expresión): "credere Deo, credere Deum, credere in Deum", "creer a Dios", "creer sobre (o acerca de) Dios" y "creer en Dios". Con credere Deo se intenta expresar la confianza plena, ya que es Dios mismo el que se revela y garantiza la verdad que revela. Con credere Deum se cualifica el objeto de la fe, a saber, a Dios mismo en su vida interpersonal y el misterio de su revelación. Con credere in Deum se quiere explicitar la relación interpersonal y de amor que se da entre Dios y el creyente; es una relación dinámica y tensa hacia su cumplimiento definitivo en la comunión.[38]

1. **Creer a Dios.** Él mismo es el que se revela y garantiza la verdad que revela. La finalidad de Dios es la de revelarse a los hombres para invitarlos y admitirlos en la comunión con Él; esta comunión con Dios es precisamente la salvación del hombre. Salvación que es realizada por Jesucristo culmen de la revelación, por eso, "Jesucristo no sólo es mediador de salvación (camino), sino que él mismo es salvación (verdad y vida)" (Cf. Jn 14,6). Por tanto, la voluntad salvífica de Dios abraza a todos los hombres, no hay una

---

38 San Agustín, Sermón 144

limitación específica, este dato revelado es para hombres de toda raza, lengua, pueblo y nación, es decir aborda la universalidad de la humanidad para ser hijos en el Hijo.

"La revelación es en sí misma, realidad de salvación, porque no es sólo un mensaje, es también una fuerza que transforma al hombre, si el hombre no se limita a oír la palabra de Dios, sino que la escucha, la recibe, la custodia en sí mismo mediante la fe; fe que es fundamento y raíz de toda justificación"[39]

2. **Creer sobre (o acerca de) Dios** es creer no sólo lo que la Escritura nos dice acerca de Dios, sino también lo que el auténtico o verdadero magisterio, como el del papa, los obispos y los concilios, nos dicen acerca de Dios. Por lo tanto, no sólo es "creer que Dios es o existe", sino también lo que Él es y hace (sus perfecciones, su amor a los hombres, los misterios trinitarios, la Encarnación etc.). por lo tanto, los cristianos católicos alabamos a Dios por lo que Él es, hace y hará en nuestras vidas.

3. **Creer en Dios.** Es la relación interpersonal que el hombre establece con Dios. Es la relación de amor que se establece, en donde el hombre experimenta el amor de Dios en su vida y por la fe decide corresponder a su amor, siguiéndolo y dando su vida por los demás.

La revelación es la manifestación de Dios en la historia de la humanidad. "Puesto que es esencial a la fe bíblica referirse a un "obrar de Dios en la historia", la fe despojada de la historia, se vería despojada también de sus fundamentos y desnaturaliza-

---

39 Concilio de Trento. Decreto de Giustificatione. Cap. 8. DS 1532.

da"[40] De allí que, el obrar de Dios se inserta en la historia personal y en el pueblo de Dios en la figura de la Iglesia. La Iglesia que los creyentes mencionan en su credo y a la que se refiere su afirmación de creyentes no es una realidad ideal o intemporal. Formada por mujeres y hombres concretos, que la hacen existir, confesando, celebrando y compartiendo el evangelio que han reconocido y acogido como evangelio de salvación, allí donde están y según lo que son, la Iglesia de Dios es plenamente "histórica". Lo es en sus instituciones, en las relaciones que sus miembros mantienen entre sí, en sus relaciones con el "mundo" en el que ella se ha inscrito o con otros grupos sociales, pero igualmente en la imagen que se hacen de ella quienes la constituyen y en el significado que dan a su "estar juntos".

Todo surge en la historia, "baste destacar el desarrollo de la temática del milagro como obrar divino en la creación y la historia que trasciende el orden natural, ordenado a la manifestación de la gracia, y en su significado específico apologético, a la "confirmatio fidei" y de la verdad predicada, así como a la "demonstratio sanctitatis" de la Iglesia y de quienes Dios propone como ejemplo de virtud"[41]

"Creer" es un acto eclesial. La fe de la Iglesia precede, engendra, conduce y alimenta nuestra fe. La Iglesia es la Madre de todos los creyentes. "Nadie puede tener a Dios por Padre si no tiene a la Iglesia por Madre".[42] La Iglesia es la primera que cree, y así conduce, alimenta y sostiene mi fe. La Iglesia es la primera que, en todas partes, confiesa al Señor. "La fe son los

---

40 Joseph. Ratzinger, Skandalöser Realismus? Gott handelt in der Geschichte, BadTölz: Urfeld, 4ta. Edición, 2008, 10.
41 Pablo Sicouly. El obrar divino en la historia como objeto de fe. Benedicto XVI y Santo Tomás de Aquino. Sapientia Vol. LXVIII, Fasc. 231-232, 2012
42 San Cipriano de Cartago, De Ecclesiae catholicae unitate, 6: PL 4,503A.

pies que llevan a Dios al alma. El amor es el orientador que la encamina."[43]

Todo es posible para el que dimensiona el poder de la fe, no se queda corto pensando en lo efímero y circunstancial sino en lo eterno, esperando los frutos de su fe. Es el tiempo de creer en Dios y de creerle a Dios porque es el Dios de las promesas y las cumple en todo tiempo.

---

43 San Juan De La Cruz, Cántico Espiritual, 1, 11.

Renovarse en Fe

"Urge recuperar y presentar una vez más el verdadero rostro de la fe cristiana, que no es simplemente un con-
junto de proposiciones que se han de acoger y ratificar con la
mente, sino un conocimiento de Cristo vivido personalmente,
una memoria viva de sus mandamientos, una verdad que se ha
de hacer vida. Pero, una palabra no es acogida auténticamente
si no se traduce en hechos, si no es puesta en práctica. La fe es
una decisión que afecta a toda la existencia; es encuentro, diálogo, comunión de amor y de vida del creyente con Jesucristo".[44]

El papa Juan Pablo nos invita a recuperar el verdadero rostro de la fe, porque muchas veces se va tergiversando, dete-
riorando y lesionando la vivencia de la fe por fanatismos, mal
formación y creencias supersticiosas que lo que hacen es anclar
la fe de los más débiles. "En otros tiempos se incitaba a los
cristianos a renegar de Cristo; en nuestra época se enseña a los
mismos a negar a Cristo. Entonces se impelía, ahora se enseña;
entonces se usaba de la violencia, ahora de insidias; entonces se
oía rugir al enemigo, ahora, presentándose con mansedumbre
insinuante y rondando, difícilmente se le advierte. Es cosa sabi-
da de qué modo se violentaba entonces a los cristianos a negar
a Cristo: procuraban atraerlos a sí para que renegasen; pero
ellos, confesando a Cristo, eran coronados. Ahora se enseña a
negar a Cristo y, engañándolos, no quieren que parezca que se
los aparta de Cristo"[45]

---

44 Juan Pablo II. Enc. El esplendor de la verdad, 88.
45 San Agustín, Coment. sobre el Salmo 39. Francisco Fernando Carvajal. Antologia de
textos # 2323. Pág. 428

¿Cuál es entonces el auténtico rostro de la fe? Se nos numeran tres aspectos vitales para despertar, vigilar y custodiar en la fe:

1. **Conocimiento de Cristo Vivido Personalmente**: "En efecto, yo por la ley he muerto a la ley, a fin de vivir para Dios: con Cristo estoy crucificado; y no vivo yo, sino que es Cristo quien vive en mí; la vida que vivo al presente en la carne, la vivo en la fe del Hijo de Dios que me amó y se entregó a sí mismo por mí." (Gál 2, 19-20) Se nos muestra en la vida de san Pablo que, ha asumido la experiencia profunda de Cristo, que es Cristo quien vive en Él. Así, en el seno de una familia renovada debe estar el sello de Jesucristo salvador de las familias y restaurador de las mismas. Conocer a Cristo es la urgencia, quien conoce a Cristo conoce al Padre, es la experiencia del kerigma, un Cristo vivo con el que tengo un encuentro profundo de corazón a corazón.

"Y es para nosotros motivo de alegría lo que sigue a continuación. Dichosos los que sin ver han creído. En esta sentencia el Señor nos designa especialmente a nosotros, que le guardamos en nuestra mente sin haberle visto corporalmente. Nos designa a nosotros, con tal de que las obras acompañen nuestra fe, porque el que cree de verdad es el que obra según su fe"[46]

2. **Una Memoria Viva de sus Mandamientos**: "Escucha, Israel: Yahveh nuestro Dios es el único Yahveh. Amarás a Yahveh tu Dios con todo tu corazón, con toda tu alma y con toda tu fuerza. Queden en tu corazón estas palabras que yo te dicto hoy. Se la repetirás a tus hijos, les hablarás de ellas tanto si estás en casa como si vas de viaje, así acostado como levantado; las atarás a tu mano como una

46 San Gregorio Magno, Hom. 26 Sobre Los Evangelios.

señal, y serán como una insignia entre tus ojos; las escribi-
rás en las jambas de tu casa y en tus puertas." (Dt. 6, 4- 9).
"El don de los mandamientos de la ley forma parte de la
Alianza sellada por Dios con los suyos. Según el libro del
Éxodo, la revelación de las "diez palabras" es concedida entre la proposición de la Alianza (cf *Ex* 19) y su ratificación
(cf *Ex* 24), después que el pueblo se comprometió a "hacer"
todo lo que el Señor había dicho y a "obedecerlo" (*Ex* 24,
7). El Decálogo no es transmitido sino tras el recuerdo de
la Alianza ("el Señor, nuestro Dios, estableció con nosotros
una alianza en Horeb": *Dt* 5, 2)."[47]

"La palabra "Decálogo" significa literalmente "diez palabras" (*Ex* 34, 28; *Dt*. 4, 13; 10, 4). Estas "diez palabras"
Dios las reveló a su pueblo en la montaña santa. Las es-
cribió "con su Dedo" (*Ex* 31, 18), a diferencia de los otros
preceptos escritos por Moisés (cf *Dt* 31, 9.24). Constituyen
palabras de Dios en un sentido eminente. Son transmitidas
en los libros del Éxodo (cf *Ex* 20, 1-17) y del Deuterono-
mio (cf *Dt* 5, 6-22). Ya en el Antiguo Testamento, los libros
santos hablan de las "diez palabras" (cf por ejemplo, *Os* 4,
2; *Jr* 7, 9; *Ez* 18, 5-9); pero su pleno sentido será revelado
en la nueva Alianza en Jesucristo."[48]

"El verdadero amor a Dios y a los hermanos son la vía con-
creta para agradar a Dios". Sólo Dios basta y sólo él puede
sanar la herida mortal de necesidad, de vaciedad, de soledad, el hambre de amor, de paz, de respeto, hambre y sed
de Dios. "Dios tiene sed de que nosotros tengamos sed de
él". El que viene a mí nunca tendrá hambre y el que cree en
mí nunca tendrá sed"

---

47 Catecismo Eclesial Católico # 2060
48 Ibid # 2056

3. Una Verdad Que Se Debe Hacer Vida: "Le dice Tomás: "Señor, no sabemos a dónde vas, ¿cómo podemos saber el camino?" Le dice Jesús: "Yo soy el Camino, la Verdad y la Vida. Nadie va al Padre sino por mí." (Jn, 14, 5-6). Caminamos por el camino del Señor, en la aventura de la fe; la verdad que confronta toda falsedad y falta de lealtad a la perfecta y única verdad, quien vive en la luz, no deja que las tinieblas penetren en su corazón. La familia tiene un reto grande en sus manos: "El vivir en la verdad del Señor y desafiar la estructura de mentira de un mundo sin Dios"; y la vida de gracia, la vida vivida intensamente para Dios y para nuestros hermanos, no quedándonos en los intereses mezquinos sino en la entrega de la vida a los hermanos.

La Iglesia, como comunidad de amor, está llamada a reflejar la gloria del amor de Dios que, es comunión, y así atraer a las personas y a los pueblos hacia Cristo. En el ejercicio de la unidad querida por Jesús, los hombres y mujeres de nuestro tiempo se sienten convocados y recorren la hermosa aventura de la fe. "Que también ellos vivan unidos a nosotros para que el mundo crea" (Jn 17, 21). **La Iglesia crece no por proselitismo sino "por 'atracción': como Cristo 'atrae todo a sí' con la fuerza de su amor"**. La Iglesia "atrae" cuando vive en comunión, pues los discípulos de Jesús serán reconocidos si se aman los unos a los otros como Él nos amó (cf. Rm 12, 4-13; Jn 13, 34).[49] "De la Iglesia recibimos la predicación de la fe, y bajo la acción del Espíritu de Dios la conservamos como un licor precioso guardado en un frasco de buena calidad."[50]

Nuestra Iglesia católica se va renovando cada día por la acción del Espíritu que es comunión y la fuerza de atracción va tocando las fibras más profundas del creyente y no creyente

---

49 Documento Aparecida # 159.
50 San Ireneo, Trat. Contra Las Herejías 3, 3

hasta encender su corazón con el fuego de su amor. "Renovarse es una apertura de toda la persona humana, a toda la acción del Espíritu, durante toda su vida". (Monseñor Alfonso Uribe Jaramillo) Es la apertura total del hombre a Dios, ya que renovarse es convertirse a Dios.

Todo es posible para la Iglesia de Jesucristo que, con su ministerio y quienes la conformamos cada día esperamos esa primavera de la Iglesia renovada por la acción del Espíritu.

Testigos de la Esperanza

"Ora continuamente el que une la oración a las obras y las obras a la oración, sólo así podemos encontrar realizable el principio de la oración continua" (Orígenes). Es el principio directivo al accionar nuestra fe, se vuelve estéril cuando no damos el paso a la acción. Sin el testimonio quedamos en un parasitismo religioso. "Las buenas obras mueven la fe del corazón, y dan confianza al alma para dirigirse a Dios."[51]

El apóstol Pablo nos ayuda a entrar en la pedagogía de esta realidad cuando escribe: "con el corazón se cree y con los labios se profesa" (cf. *Rm* 10, 10). El corazón indica que el primer acto con el que se llega a la fe es don de Dios y acción de la gracia que actúa y transforma a la persona hasta en lo más íntimo. El corazón, es la sede de los sentimientos del ser humano, y la fe va transformando el corazón; de igual forma la incredulidad va dañando el corazón de los tuyos y los que te rodean.

Profesar con la boca indica, a su vez, que la fe implica un testimonio y un compromiso público. El cristiano no puede pensar nunca que creer es un hecho privado. La fe es decidirse a estar con el Señor para vivir con él. Y ese "estar con Él" nos lleva a comprender las razones por las que se cree. La fe, precisamente porque es un acto de la libertad, exige también la responsabilidad social de lo que se cree. La Iglesia en el día de Pentecostés muestra con toda evidencia esta dimensión pública del creer y del anunciar a todos sin temor la propia fe. Es el don

---

51 San Juan Crisóstomo, En Catena Aurea, Vol. 1, P. 345

del Espíritu Santo el que capacita para la misión y fortalece nuestro testimonio, haciéndolo franco y valeroso.

¿De qué sirve la fe sin las obras? muchos tenemos fe en el Señor y es el deseo de agradarle, pero debemos dar el paso a la tarea, al compromiso serio por renovar nuestra vida, dejando aquellas actitudes del hombre viejo y asumiendo los valores del reino. Nada de envidias, celos, avaricia, lujuria, discriminación, todo tipo de violencia, venganza, porque esto envenena el alma, siendo la dosis mortífera para el alma, por ello, hay que asumir el amor incondicional, la solidaridad, la comunión, la paz y todo tipo de obra buena que nos lleve a entregarlo todo para promover al ser humano. "Deben basarse todas tus obras en la fe, porque el justo vive de la fe y la fe obra por el amor. Que tus obras tengan por fundamento la fe, porque creyendo en Dios te harás fiel"[52]

Todas las obras en fe, nos enseñan a vivir el auténtico amor que no defrauda, y que nos compromete a vivir la fidelidad, para no traicionar nuestra propia misión y la plenitud que produce ese accionar nuestra fe cada día. "Así como el cuerpo está muerto cuando carece de espíritu, la fe está muerta cuando carece de obras"[53]

"La fe es la virtud teologal por la que creemos en Dios y en todo lo que Él nos ha dicho y revelado, y que la Santa Iglesia nos propone, porque Él es la verdad misma. Por la fe "el hombre se entrega entera y libremente a Dios."[54] Por eso el creyente se esfuerza por conocer y hacer la voluntad de Dios. "El justo vivirá por la fe" (*Rm* 1, 17). La fe viva "actúa por la caridad"

52 San Agustín, Coment. Sobre El Salmo 32.
53 Rábano Mauro, En Catena Aurea, Vol. III, P. 431
54 Dei Verbum, constitución dogmática # 5

(*Ga*5, 6)."[55] La actuación de la fe se da por el motor del amor en la vida del cristiano. El amor es el termómetro que indica cuanta fe hay en ese cristiano.

"El don de la fe permanece en el que no ha pecado contra ella."[56] Pero, "la fe sin obras está muerta" (*St* 2, 26): privada de la esperanza y de la caridad, la fe no une plenamente el fiel a Cristo ni hace de él un miembro vivo de su Cuerpo."[57] La fe nos lleva a esperar los bienes prometidos y nos lleva a entregarnos al cuerpo místico de la Iglesia en el templo del hermano, necesitado de una palabra, de un testimonio vivo del Señor. "La fe no es la consecuencia de las buenas obras, sino que la fe debe estar en el comienzo de toda obra verdaderamente buena".[58]

"El discípulo de Cristo no debe sólo guardar la fe y vivir de ella sino también profesarla, testimoniarla con firmeza y difundirla: "Todos vivan preparados para confesar a Cristo ante los hombres y a seguirle por el camino de la cruz en medio de las persecuciones que nunca faltan a la Iglesia."[59] El servicio y el testimonio de la fe son requeridos para la salvación: "Todo aquel que se declare por mí ante los hombres, yo también me declararé por él ante mi Padre que está en los cielos; pero a quien me niegue ante los hombres, le negaré yo también ante mi Padre que está en los cielos" (*Mt* 10, 32-33)."[60]

Esta es la confesión de fe que el Señor nos pide, somos servidores del Señor para proclamar sus grandezas como lo ha hecho María. "No cree verdaderamente sino quien, en su hogar, pone en práctica lo que cree. Por eso, a propósito de aquellos

---

55 CEC # 1814
56 Cf. Concilio de Trento: DS 1545.
57 CEC # 1815
58 San Jerónimo, En Catena Aurea, Vol. IV, P. 29).
59 LG 42; cf. DH 14
60 CEC # 1816

que de la fe no poseen más que palabras, dice San Pablo: profesan conocer a Dios, pero le niegan con las obras."[61] Las palabras elocuentes pueden convencer, pero eso no significa que sean verdaderas, que pueden tener dosis de engaño y mentira. Las acciones cotidianas confirmarán si esas palabras producen vida.

Por tanto, el testimonio de la fe debe apoyarse en la esperanza. "La fe puede y debe dilatarse hasta la esperanza allí, solo allí donde, con la resurrección del crucificado, están derribadas las barreras contra las que se estrellan todas las esperanzas humanas...allí la esperanza de la fe se transforma en apasionamiento por lo posible, porque puede ser apasionamiento por lo posibilitado."[62] Este testimonio de la fe dilatado en la esperanza debe ser aprendida y asumida como posibilidad de concretizar el fundamento de la fe. Estar en el mundo sin esperanzas es frustrante, por ello, la esperanza se transforma en apasionamiento por lo posible por la resurrección de Jesús que ha vencido la muerte, ya que allí, se han derrumbado todos los muros de desesperanza y esterilidad en la fe. Se abre allí el abanico de ser testigos de la esperanza y de la buena noticia del reino que se siembra para ver florecer y recoger en abundancia.

"El sentido de la esperanza para Laín Entralgo es algo que ha calado tan profundamente en las entrañas de la existencia humana lo cual ha llegado a consolidarse como un sentir que hace parte constitutiva del ser del hombre, ya que puede habituarse a este. La acción de esperar, de acuerdo con esto, será tan propia y necesaria para la vida del ser humano como cualquier otro de sus hábitos al cual no le es fácil renunciar dado el significado que le representa. En este mismo contexto argumenta Ernst Bloch: "se trata de aprender la esperanza. Su labor no ceja, está enamorada del triunfo, no del fracaso. La esperan-

61 San Gregorio Magno, Hom. 26 sobre Los Evangelios
62 Jurguen Moltmann. Teología de la esperanza. Ediciones sígueme salamanca, 2006. Pág 25

za, situada sobre el miedo, no es pasiva como éste, ni, menos aún, está encerrada en un anonadamiento". En tal sentido, la esperanza es un sentir que convoca a la acción, a la proyección humana en busca de la realización de sus sueños, que según este autor tienen un norte encaminado a la construcción de un mejor estar en el mundo."[63]

Todo es posible para el que testifica su fe con su vida, porque nuestra vida debe ser un altar para Dios, lo más sagrado y sublime. Por eso debemos vivirla intensamente en el servicio a los demás brindando esperanza ante las pruebas y tribulaciones cotidianas, que pasarán, pero la esperanza permanecerá intacta clamando las bendiciones de Dios.

63 María Zambrano. Una aproximación al sentido de la esperanza. Discusiones Filosóficas. Año 16 N° 26, enero – junio 2015. Pág 120.

La Oración Ferviente del Justo tiene Mucho Poder

La fe abre posibilidades y por ello, se robustece y se hace poderosa en la medida en que creemos y afianzamos nuestra confianza en Dios. Miremos el relato de la epístola de Santiago: "La oración ferviente del justo tiene mucho poder. Elías era un hombre de igual condición que nosotros; oró insistentemente para que no lloviese, y no llovió sobre la tierra durante tres años y seis meses. Después oró de nuevo y el cielo dio lluvia y la tierra produjo su fruto."[64]¿Que no puede hacer nuestra oración ferviente? El obispo fundador de mi asociación, Monseñor Alfonso Uribe Jaramillo,[65] expresaba: "La oración que no se hace es la que se pierde"; por tanto, hay que orar fervientemente para alcanzar las bendiciones que el Señor nos tiene preparadas a cada uno de nosotros, que al igual que Elías un hombre justo, su oración ferviente tenía mucho poder, nosotros creamos en el poder que tenemos cuando clamamos con fe al Padre Dios. "Un poco de fe puede mucho"[66]

La oración de Jesús fue una oración continua, pero, ante todo, fue una oración espiritual, esto es hecha en el Espíritu Santo. Gracias al Espíritu con el que oraba, Jesús renovó profundamente la Oración humana. "El secreto de la renovación de la oración, como lo descubrimos en la vida de Jesús, es pues, el Espíritu Santo; es Él ese soplo potente que puede devolver la

64 St. 5, 16b -18.
65 Monseñor Alfonso Uribe Jaramilllo, fue obispo de la diócesis de Sonsón Rionegro y fundador de la asociación sacerdotal siervos del Espíritu Santo en la ceja Antioquia. Colombia.
66 San Juan Crisóstomo, En Catena Aurea, Vol. VI, Pág. 269

vida a nuestra oración seca y árida, del mismo modo que dio vida a los huesos secos de Israel (Cf. Ez 37,1ss)."[67]

Por eso, el gran reto que tenemos es profundizar en nuestra fe, una oración en fe tiene mucho poder, capaz de arrancar las gracias para cada uno de nosotros. Mi testimonio de oración en fe es fuerte, se abren los abanicos de posibilidades cuando oramos en fe, creyendo que esa oración ferviente tiene poder. Cada día tenemos que decir al Señor que aumente nuestra fe, y en aumento podamos pasar de la frialdad espiritual al fervor. "Dijeron los apóstoles al Señor; "Auméntanos la fe." El Señor dijo: "Si tuvierais fe como un grano de mostaza, habríais dicho a este sicómoro: "Arráncate y plántate en el mar", y os habría obedecido." (Lc 17, 5-6). Si los Apóstoles no llegaron a trasladar ningún árbol, no los acuséis; porque no dijo: trasladaréis, sino podréis trasladar; pero no lo hicieron porque no era necesario, habiendo hecho cosas de mayor importancia."[68] Tantos obstáculos que se presentan ante nuestra fe, a los que le damos poder y autoridad sobre nosotros, hoy deben ser arrancados, porque la fe en Dios es más poderosa que todos aquellos problemas que la eclipsan.

Que significa por tanto este texto de la palabra: "Les invita a la fe con la parábola del grano de mostaza; y les hace ver que, de todos modos, se propagará la predicación del Evangelio. Es necesaria la fe para comprender esto: Los más pequeños, los más débiles entre los hombres eran los discípulos del Señor; pero como había en ellos una eficacia divina grandiosa, esa fuerza se desplegó y se difundió por todo el mundo. Con esto quiso dar el Señor una prueba de su grandeza."[69]

67 Raniero Cantalamessa. Los Misterios de Cristo. Pág 74
68 San Juan Crisóstomo En Catena Aurea, Val. VI, P. 269
69 San Juan Crisóstomo, Hom. Sobre S. Mateo, 46

La fe se ha difundido y se sigue dando a conocer por la fuerza de la atracción del amor, así nuestra fe es como el grano de mostaza que cuando crece cobija la fe de los débiles y frágiles, aquellos que naufragan en la fe. "Esta es la recomendación, hijo mío Timoteo, que yo te hago, de acuerdo con las profecías pronunciadas sobre ti anteriormente. Combate, penetrado de ellas, el buen combate, conservando la fe y la conciencia recta; algunos, por haberla rechazado, naufragaron en la fe; entre éstos están Himeneo y Alejandro, a quienes entregué a Satanás para que aprendiesen a no blasfemar."[70] El poder de la fe debe conservarse para no naufragar y muchos que la van rechazando, rechazan a la Iglesia de Jesucristo y la herencia que han recibido. "Lo que ayuda a nuestra fe es el temor y la paciencia, y nuestra fuerza reside en la tolerancia y la continencia. Si estas virtudes perseveran santamente en nosotros, en todo lo que atañe al Señor, poseeremos además la alegría de la sabiduría, de la ciencia y del perfecto conocimiento."[71]

En la sociedad percibimos un estigma de la cultura del incapacitado, del débil y del enfermo, se ha desplazado al hombre. Toda esta realidad social cambiante y la supremacía de lo tecnológico y científico sobre el hombre y su realidad al ser visto como objeto y no como sujeto, exigen una valoración particular porque en la cultura abunda el sufrimiento, la enfermedad y el dolor. Por tanto, "es parte del plan de Dios y de su providencia que el hombre luche con todas sus fuerzas contra la enfermedad en todas sus manifestaciones, y que se emplee, por todos los medios a su alcance, para conservarse sano".[72]

---

70 1 Tim 1, 18-20

71 Epístola de Bernabé, 1

72 Rituale Romanum, Ordo Unctionis Infirmorum eorunque Pastoralis Curae, n. 3.

Todo es posible para el que cree en el poder que tiene la fe, es capaz de alcanzar logros que humanamente uno los vería imposibles, porque no hay nada imposible para Dios.

El Elogio de Jesús: Mujer qué Grande es tu Fe

"Saliendo de allí Jesús se retiró hacia la región de Tiro y de Sidón. En esto, una mujer cananea, que había salido de aquel territorio, gritaba diciendo: "Ten piedad de mí, Señor, ¡Hijo de David! Mi hija está malamente endemoniada." Pero él no le respondió palabra. Sus discípulos, acercándose, le rogaban: «Concédeselo, que viene gritando detrás de nosotros.» Respondió él: "No he sido enviado más que a las ovejas perdidas de la casa de Israel." Ella, no obstante, vino a postrarse ante él y le dijo: "¡Señor, socórreme!" El respondió: "No está bien tomar el pan de los hijos y echárselo a los perritos." "Sí, Señor - repuso ella -, pero también los perritos comen de las migajas que caen de la mesa de sus amos." Entonces Jesús le respondió: "Mujer, grande es tu fe; que te suceda como deseas." Y desde aquel momento quedó curada su hija." [73]

En este relato del evangelio Jesús se encuentra con una mujer pagana ¿Cuál es el sentido de este encuentro? "Jesús, inicialmente enviado a las ovejas perdidas de la casa de Israel, atendió también a los paganos en vista de su gran fe."[74] Esta atención a esta mujer pagana se debió a las sorprendentes actitudes de la mujer, iniciando por un discurso elocuente y la humildad para clamar la compasión, exponer su necesidad, la petición confiada, y finalmente el elogio de Jesús: "mujer que grande es tu fe."

---

73 Mt 15, 21-28
74 Santiago Guijarro, los cuatro evangelios. Salamanca, ediciones Sigueme, 2012. Pag 317

El grito de la mujer cananea: "Ten compasión de mí, Señor Hijo de David"

El evangelista la llama cananea, a fin de hacer ver la influencia que en ella ejercía la presencia de Cristo. Los cananeos que habían sido expulsados para que no pervirtieran a los judíos, se mostraron en esta ocasión más sabios que los judíos, saliendo fuera de sus fronteras y acercándose a Cristo. Mas esta mujer, luego que se hubo acercado a Cristo, no le pidió más que misericordia. Por eso sigue: "Y clamaba diciéndole: Señor, hijo de David, ten piedad de mí."[75]

Su grito desesperado es el que los cristianos tenemos cuando nos sentimos solitarios y cuando encarnamos en nuestro ser el sufrimiento humano. La compasión de Jesús se dirigía a las ovejas descarriadas de Israel, sólo las de Israel, así que para nadie más era la compasión. Pero esta mujer se da cuenta de Jesús y quiere arrebatar las gracias que van para ese pueblo. Es el grito de una madre de familia, que experimenta el dolor en su hija, ya que tiene un demonio. La madre que no sabe qué hacer, impotente ante la realidad de su hija y no encuentra salida a su problema. "No se contenta el Señor con una fe interna, sino que pide una confesión exterior de ella, urgiéndonos a una mayor confianza y a un mayor amor."[76]

Expone su necesidad: "Mi hija tiene un demonio malo". Frente a esta situación Jesús no responde nada. ¿Será que no es el tiempo de Dios para esta familia? ¿Por qué la indiferencia de Jesús? ¿Es la misma indiferencia que tenemos nosotros ante la misión? Hay una gran diferencia: Jesús es enviado a las ovejas descarriadas de Israel, y esta mujer es cananea, pagana. Sin embargo, por los gestos de la mujer se conquista la bendición

75 San Juan Crisóstomo, homiliae in Matthaeum, hom. 52,1
76 San Juan Crisóstomo, Hom. Sobre S. Mateo, 35

de Jesús. Al cristiano se le ha dado la misión de evangelizar sin excluir, porque Dios no estigmatiza a alguien por su posición, cultura o estrato. No se puede evadir evangelizar y ser evangelizado y, en la medida que se es evangelizado se va civilizando en los principios del reino. Ahora bien, esta mujer cananea ha experimentado una situación singular. Su hija tiene un demonio, el mal pervertido y pervertidor. Necesita lo que hoy conocemos una liberación y expulsión del mal.

Petición confiada: "Señor Socórreme." Ella lo alcanzó, se postró ante él, y le pidió de rodillas: **"Señor Socórreme". Jesús expresa: "no está bien echar a los perros el pan de los hijos":** Es una expresión de Jesús, dando a entender que la palabra, el alimento solo está para los hijos de Israel y no para lo que se denomina otros pueblos como los perros. Perro es una palabra fuerte, porque es una indiferencia, algún despotismo frente a otras culturas. "Los gentiles son llamados perros a causa de su idolatría, y los perros bebiendo sangre y devorando los cadáveres se vuelven rabiosos".[77]

El elogio de Jesús: "mujer que grande es tu fe". Que elogio a una mujer por su fe, que se cumpla lo que deseas. Jesús resalta la fe de esta mujer porque ella le ha dicho hasta los perros comen de las migajas que caen de la mesa de los amos. Ella espera recibir algo de Jesús, espera en Él y por ello, se le concede lo que desea. Y desde aquel momento quedó curada su hija.

"¡Mirad la sabiduría de la mujer! No se atrevió a contradecir, ni se entristeció por las alabanzas de los otros, ni se abatió por las cosas sensibles que la echaron en cara. Por eso sigue: "Mas ella dijo: Es verdad, Señor; pero también los perros comen de las migajas que caen de las mesas de sus señores, etc.". Había dicho El: "No es bien" y ésta dijo: "Así es, Señor". El,

77 Rábano. Catena aurea. Mateo 15, 21-28 http://hjg.com.ar/catena/c174.html

llama hijos a los judíos y ella, señores. El llamó perro a esta mujer y ella añadió la cualidad de los perros, como si dijera: si soy perro, no soy extraña; me llamas perro, aliméntame tú como a un perro. Yo no puedo abandonar la mesa de mi Señor."[78]

La mujer cananea por su fe arrebató las bendiciones para su hija, nosotros debemos tener presente que Jesús está con nosotros, que Él atiende nuestra suplicas porque nuestra vida está en sus manos. Él se preocupa de nuestros afanes y nosotros debemos fijar la mirada en las necesidades de nuestros hermanos. Todo es posible para aquel que persevera en la fe, persiste en todo tiempo, permanece fiel a ella, porque la has recibido por gracia de Dios y la cultivas para robustecerla cada día.

---

78 San Juan Crisóstomo, homiliae in Matthaeum, hom. 52,2

Levántate y Proclama
el Milagro de Dios

"Entró de nuevo en Cafarnaún; al poco tiempo había corrido la voz de que estaba en casa. Se agolparon tantos que ni siquiera ante la puerta había ya sitio, y él les anunciaba la Palabra. Y le vienen a traer a un paralítico llevado entre cuatro. Al no poder presentárselo a causa de la multitud, abrieron el techo encima de donde él estaba y, a través de la abertura que hicieron, descolgaron la camilla donde yacía el paralítico. Viendo Jesús la fe de ellos, dice al paralítico: "Hijo, tus pecados te son perdonados". Estaban allí sentados algunos escribas que pensaban en sus corazones: "¿Por qué éste habla así? Está blasfemando. ¿Quién puede perdonar pecados, sino Dios sólo?". Pero, al instante, conociendo Jesús en su espíritu lo que ellos pensaban en su interior, les dice: "¿Por qué pensáis así en vuestros corazones? ¿Qué es más fácil: decir al paralítico: 'Tus pecados te son perdonados', o decir: ¿Levántate, toma tu camilla y anda?'. Pues para que sepáis que el Hijo del hombre tiene en la tierra poder de perdonar pecados –dice al paralítico–: 'A ti te digo: Levántate, toma tu camilla y vete a tu casa'". Se levantó y, al instante, tomando la camilla, salió a la vista de todos, que se quedaron asombrados y glorificaban a Dios, diciendo: "Jamás vimos cosa parecida". Pues para que sepáis que el Hijo del hombre tiene en la tierra poder de perdonar pecados –dice al paralítico–: 'A ti te digo: Levántate, toma tu camilla y vete a tu casa'". Se levantó y, al instante, tomando la camilla, salió a la vista de todos, que se quedaron asombrados y glorificaban a Dios, diciendo: "Jamás vimos cosa parecida"."[79]

79 cf. San Marcos 2, 1-12

El texto bíblico explicita la multitud de personas que estaban en casa escuchando a Jesús y es allí, donde aparecen cuatro hombres con su poder intercesor, llevando un paralítico, levantan las tejas, abren un boquete y descuelgan la camilla, esperando una actuación taumatúrgica de Jesús. Esto nos muestra que, hay personas siempre atentas de las necesidades de los otros.

"Este procedimiento expedito en exceso, es la prueba de una fuerte fe, de la confianza en el poder de Jesús y su voluntad de ayudar. Y la fe es en tales casos la condición – la única condición – exigida por Jesús para su intervención. Altamente sorprendentes son las palabras con que Jesús se dirige al paralítico. Estas palabras no pueden comprenderse sin el supuesto de que exista una relación entre enfermedad y pecado. Sorprendente que en los sinópticos no se habla nunca en otros casos de esta relación entre enfermedad y pecado, nunca se dice que Jesús haya perdonado también los pecados de un enfermo. Las palabras de Jesús "perdonados te son tus pecados" no pueden entenderse sino como la garantía, dada con plena autoridad, de que Dios ha perdonado al enfermo sus pecados, cuya consecuencia es la enfermedad. El giro pasivo sirve aquí, como en otros muchos pasajes como perífrasis para evitar el nombre de Dios."[80]

Efectivamente, esta relación de pecado – enfermedad, marca un itinerario de las causas de las enfermedades y como el pecado es la más terrible enfermedad, que necesita cura, ya que provoca la ruptura con Dios mismo y su misma naturaleza humana se ve lacerada, herida, enferma. "¿Afirmó Cristo alguna vez que las enfermedades físicas sean debidas, en ocasiones, a los pecados personales del enfermo? Ciertos autores (W. von Siebenthal, H. Greeve) se creen obligados a conceder que ello habría acaecido, cuando menos, en el caso del paralítico de Ca-

80 Josep Schmid. El evangelio según san Marcos. Barcelona, Herder 1967. Pág 86.

farnaúm. La curación de éste viene coincidentemente narrada por San Mateo (IX, 1-6), San Marcos (II, 1-2) y San Lucas (V, 17-26). Viendo su fe, dice Jesús al enfermo: "Hombre, tus pecados te son perdonados."["]81

Jesús demuestra su autoridad perdonando el pecado del paralitico que, desde una lectura pastoral, son las parálisis del ser humano, provocadas por su pecado personal y que requiere una actuación de poder divino para ser perdonado y restaurado. "¿Demuestra el texto evangélico que en la realidad del enfermo y en la mente de Jesús existía una relación causal entre el pecado y la enfermedad? En modo alguno. No es el simple perdón de los pecados lo que cura al paralítico, sino una segunda y nueva intervención taumatúrgica de Jesús. Si los pecados del enfermo hubiesen sido la causa de su parálisis, la milagrosa absolución de aquellos le habría sanado de un modo consecutivo y ya no milagroso, conforme al sublata causa, tollitur effectus. No fue así. Para curar al lisiado, Cristo tuvo necesidad de un nuevo milagro."82

No es el perdón de los pecados lo que cura al paralitico, porque la absolución del pecado habría sanado su enfermedad "sublata causa, tollitur effectus" (suprimida la causa, desaparece el efecto). Por ende, para curar al lisiando como expresaba Pedro Laín Entralgo, Cristo tuvo necesidad de un nuevo milagro. Viendo Jesús la fe ellos, dice al paralítico: ""¡Hijo, tus pecados te son perdonados!": La afirmación de Jesús es directa y clara. El verbo es pasivo y en tiempo presente. Por primera vez aparece la misión de Jesús de perdonar los pecados. Los pecados del enfermo han desaparecido aun cuando no ha mediado petición alguna. El autor de ese perdón y de esa remisión podría ser

---

81 Pedro Laín Entralgo. Mysterium Doloris. Hacia una teología cristiana de la enfermedad. Madrid, publicaciones de la universidad internacional Menéndez Pelayo. 1955. Pág 18.
82 Ibid, Pág 19

Dios, pero aquí todo indica que es Jesús quien reivindica para sí ese poder."[83]

Al decirle Hijo al paralitico le está acercando a la gracia, por tanto, se hace heredero de las promesas de Dios, que había perdido por su pecado. El perdón de los pecados es un milagro que se actualiza en el sacramento de la confesión, el sacerdote actúa in persona Christi, abrazando con su misericordia a los pecadores.

"La relación entre "fe y milagro", como entre "fe y perdón de los pecados", es frecuente en los evangelios (Mc 9,22-24; Mt 8,13; 9,22.28-29; Lc 7,48-50). Lo interesante en esta circunstancia es que no es precisamente la fe del enfermo la que va a conseguir el milagro, sino la de los que llevan al paralítico. Este dato es pastoralmente digno de tenerse en cuenta. Nuestra fe puede servir de ayuda decisiva en los momentos en que el enfermo no puede ni siquiera orar."[84] El poder de intercesión del creyente se hace eficaz, ya que Jesús conoce la intención del orante y la calidad de petición que no es mezquina y egoísta, sino que busca el bien del enfermo y necesitado.

Ahora bien, el lisiado es receptor de un nuevo milagro -fe y milagro- para sanar su enfermedad física. Se nos presenta un gesto importante de Jesús: "ver la fe que tenían" los que llevaban al paralítico, me atrevo a decir, que el paralítico no tenía tanta fe, era un escéptico, pero, aquellos que le llevaban eran unos héroes en la fe. En muchas ocasiones ocurre, que un miembro de la familia tiene una certeza en la fe, una seguridad profunda en Dios y por esa certeza se recibe la bendición. "La

83 Salvador Carrillo Alday. El evangelio según san Marcos. Editorial Verbo Divino, Navarra, 2008. Pág. 64-65
84 Ibid, Pág 64

fe es garantía de lo que se espera; la prueba de las realidades que no se ven. Por ella fueron alabados nuestros mayores."[85]

"Jesús, mediante una simple palabra, que se trasforma en orden, dice al paralítico: "¡Levántate, toma tu camilla y vete a tu casa!". El evangelista, para describir el resultado milagroso inmediato, hace eco, punto por punto, al mandato de Jesús: "Se levantó y, al instante, tomando su camilla, salió a la vista de todos". La catequesis "en palabra eficaz y en obra de poder" ha sido perfecta. Jesús ha curado de la parálisis corporal –realidad que se palpa– para indicar que tiene también autoridad divina para liberar del pecado, parálisis espiritual que no se ve. El perdón de los pecados aparece como una verdadera sanación. Es como la cara interna de la restauración de la creación, elemento importante en el Reino de Dios proclamado por Jesús. Pero, antes de dar la orden, Jesús ha pronunciado dos palabras de suma importancia: él es "el Hijo del hombre" y "tiene en la tierra poder de perdonar pecados"."[86]

El milagro se ha realizado, milagro de la curación de este hombre paralitico y le hace la invitación a levantarse, tomar la camilla e ir a su casa. Invitación que se hace a cada hombre postrado y sometido a ataduras del pecado y enfermedad, mostrando con su palabra de autoridad que, todo se somete. "Jesús cura solamente mediante la palabra, un hecho que confirma la autoridad de sus palabras sobre el perdón."[87] "El que posee la palabra de Jesús es capaz de entender lo que él enseñó sin palabras y llegar así a la perfección, obrando según lo que habla y dándose a conocer lo que hace sin hablar. Nada hay escondido

---

85 cf. Hebreos 11, 1-2

86 Salvador Carrillo Alday. El evangelio según san Marcos. Editorial Verbo Divino, Navarra, 2008. Pág. 65-66

87 Raymond E. Brown; Joseph A. Fitzmyer; Roland E. Murphy. Nuevo comentario Bíblico San Jerónimo. Navarra, editorial Verbo divino, 2004. Pág 24.

para el Señor, sino que aún nuestros secretos más íntimos no escapan a su presencia".[88]

Todo es posible para aquél que se levanta en fe para proclamar los milagros del Señor, iniciando con un acercamiento y una petición más fervorosa en favor de los más necesitados que enfrentan las diversas tribulaciones y no encuentran salidas a sus problemas.

---

88 Carta de San Ignacio de Antioquía a los Efesios 13-18,1: Funk 1,183-187

El Buen Combate De La Fe

"He competido en la noble competición, he llegado a la meta en la carrera, he conservado la fe. Y desde ahora me aguarda la corona de la justicia que aquel Día me entregará el Señor, el justo Juez; y no solamente a mí, sino también a todos los que hayan esperado con amor su Manifestación." [89]

San Pablo a Timoteo está preparando el terreno del combate espiritual y la armadura que se debe tener para enfrentar la batalla y salir vencedores. Pablo ha competido, ha llegado a la meta en la carrera que se proponía como super apóstol de Jesús, y nos hace la invitación a conservar la fe en nuestras luchas, porque la vida cristiana es una lucha constante. Debemos prepararnos para combatir en la fe, ya que nuestra lucha es contra seres espirituales y contra aquellos que participan de las obras de las tinieblas en la cultura de la muerte y, combatir en la fe, es llenarnos de esperanza, fe y amor superando las desmoralizaciones de este mundo.

La Vida Cristiana Es Una Lucha Constante

"la vida cristiana es un combate permanente. Se requieren fuerza y valentía para resistir las tentaciones del diablo y anunciar el Evangelio. Esta lucha es muy bella, porque nos permite celebrar cada vez que el Señor vence en nuestra vida."[90] El Papa Francisco nos invita a ser fuertes y valientes, resistiendo a las

---

89 cf. 2 timoteo 4, 7-8

90 Exhortación apostólica Gaudete et Exsultate del santo padre francisco. sobre el llamado a la santidad en el mundo actual. Numeral 158.

tentaciones del mal, pues, a pesar de la debilidad, el Señor ha puesto su mirada en sus hijos y a través de ellos, prolonga su gracia en la humanidad.

De esta lucha nocturna y encuentro con Dios nos habla el Papa Benedicto XVI, en sus catequesis de escuela de oración, tomando el texto del libro del Genesis 32, 23-32, cuyo texto es la historia de Jacob y el relato narra la lucha con Dios en el vado de Yaboc. "El episodio de la lucha en el Yaboc se muestra al creyente como texto paradigmático en el que el pueblo de Israel habla de su propio origen y delinea los rasgos de una relación particular entre Dios y el hombre. Por esto, como afirma también el Catecismo de la Iglesia católica, «la tradición espiritual de la Iglesia ha tomado de este relato el símbolo de la oración como un combate de la fe y una victoria de la perseverancia» (n. 2573). El texto bíblico nos habla de la larga noche de la búsqueda de Dios, de la lucha por conocer su nombre y ver su rostro; es la noche de la oración que con tenacidad y perseverancia pide a Dios la bendición y un nombre nuevo, una nueva realidad, fruto de conversión y de perdón."[91]

El símbolo de la oración como combate de la fe y victoria de la perseverancia, es lo que ha interpretado la iglesia en este relato, y al cual, los creyentes deben asumir porque el verdadero combate se da desde la experiencia de la oración. Sólo en el oasis de la oración se puede enfrentar y vencer. Perseverancia y tenacidad en la búsqueda del enemigo invisible que ataca a Jacob, pero que, para los cristianos de esta época es visible y se deben tener estrategias para no dejarse sorprender por su forma sutil de actuar y de dividir.

91 Javier Sánchez-Cervera de los Santos. Catequesis sobre la oración, Benedicto XVI. Editorial Ocdmx.org, Pág 35. https://books.apple.com/hn/book/escuela-de-oraci%C3%B3n/id676187648

"La noche de Jacob en el vado de Yaboc se convierte así, para el creyente, en un punto de referencia para entender la relación con Dios que en la oración encuentra su máxima expresión. La oración requiere confianza, cercanía, casi en un cuerpo a cuerpo simbólico no con un Dios enemigo, adversario, sino con un Señor que bendice y que permanece siempre misterioso, que parece inalcanzable. Por esto el autor sagrado utiliza el símbolo de la lucha, que implica fuerza de ánimo, perseverancia, tenacidad para alcanzar lo que se desea. Y si el objeto del deseo es la relación con Dios, su bendición y su amor, entonces la lucha no puede menos de culminar en la entrega de sí mismos a Dios, en el reconocimiento de la propia debilidad, que vence precisamente cuando se abandona en las manos misericordiosas de Dios."[92]

La lucha culmina cuando el cristiano se rinde a Dios, no es controlador de las cosas, ni Dios puede ser manipulado por el hombre, en sus intereses mezquinos. Una lucha de cuerpo a cuerpo cuando hay aridez y desierto sin ganas de orar, ni mucho menos de agradar a Dios. La lógica humana es vencida por el ser supremo, en el cual, en lo profundo de la conciencia está la ley divina impresa en el interior del hombre, esa voz interior que reclama una rectitud de intención y buenas acciones conforme a la voluntad divina. Esta entrega a Dios, espera de una respuesta divina, que es la bendición de Dios para las conquistas humanas, el deseo profundo de felicidad y realización personal.

Prepararse Para El Combate De La Fe

Dando continuidad al patriarca Jacob y la lucha contra un enemigo misterioso como lo manifiesta al texto al inicio de relato, se percibe que todo surge en la noche. "La noche es

92 Javier Sánchez-Cervera de los Santos. Catequesis sobre la oración, Benedicto XVI. Editorial Ocdmx.org, Pag 35-36. https://books.apple.com/hn/book/escuela-de-oraci%C3%B3n/id676187648

el tiempo favorable para actuar a escondidas, por tanto, para Jacob es el tiempo mejor para entrar en el territorio de su hermano sin ser visto y quizás con el plan de tomar por sorpresa a Esaú. Sin embargo, es él quien se ve sorprendido por un ataque imprevisto, para el que no estaba preparado. Había usado su astucia para tratar de evitar una situación peligrosa, pensaba tenerlo todo controlado y, en cambio, ahora tiene que afrontar una lucha misteriosa que lo sorprende en soledad y sin darle la oportunidad de organizar una defensa adecuada."[93]

El factor sorpresa del enemigo que lucha contra Jacob, pone al descubierto de que, no se había preparado para la lucha. Quería tomar por sorpresa a Esaú, pero ahora se ve sorprendido sin tener la oportunidad de organizar una defensa adecuada. Se ve reflejada en esta lucha a aquellos que quieren matar la idea, el concepto de un ser superior o de Dios, asumiendo una vida secularista sin referencia divina.

Los creyentes se deben preparar para no ser sorprendidos por la cultura de la muerte. "Nuestro camino hacia la santidad es también una lucha constante. Quien no quiera reconocerlo se verá expuesto al fracaso o a la mediocridad. Para el combate tenemos las armas poderosas que el Señor nos da: La fe que se expresa en la oración, la meditación de la Palabra de Dios, la celebración de la Misa, la adoración eucarística, la reconciliación sacramental, las obras de caridad, la vida comunitaria, el empeño misionero."[94]

Prepararse para la lucha con estas armas poderosas para enfrentar la parálisis de la fe, desde una vigilancia cristiana, es-

---

93 Javier Sánchez-Cervera de los Santos. Catequesis sobre la oración, Benedicto XVI. Editorial Ocdmx.org, Pág 31. https://books.apple.com/hn/book/escuela-de-oraci%C3%B3n/id676187648
94 Exhortación apostólica Gaudete et Exsultate del santo padre francisco. sobre el llamado a la santidad en el mundo actual. Numeral 159.

tando en vela en fe y oración; La palabra que sana, convierte e instruye alimentando la sana doctrina, palabra que va custodiada por la tradición de la iglesia con la vida de los santos y con el magisterio de la iglesia salvaguardando la sana doctrina; La celebración de los santos misterios, en la que se hace presente el cuerpo y la sangre del Señor, como actualización y memorial y no sólo como recuerdo; En devota adoración a la presencia real eucarística que alimenta la fe de los cristianos; La reconciliación sacramental, en la cual Jesús perdona los pecados por el ministerio de la Iglesia que Él ha fundado; Una fe que debe hacerse vida en las obras de caridad, donde las obras acreditan nuestra fe y devoción; La vida de comunidad a ejemplo de la primera comunidad cristiana: Espiritualidad, formación, conversión y testimonio de vida, son la clave de esta transformación en la que "la Iglesia se manifiesta como una madre que sale al encuentro, una casa acogedora, una escuela de permanente comunión misionera."[95]

La primera lucha que la civilización humana tiene es contra las insidias de satanás. "No se trata solo de un combate contra el mundo y la mentalidad mundana, que nos engaña, nos atonta y nos vuelve mediocres sin compromiso y sin gozo. Tampoco se reduce a una lucha contra la propia fragilidad y las propias inclinaciones (cada uno tiene la suya: la pereza, la lujuria, la envidia, los celos, y demás). Es también una lucha constante contra el diablo, que es el príncipe del mal. Jesús mismo festeja nuestras victorias. Se alegraba cuando sus discípulos lograban avanzar en el anuncio del Evangelio, superando la oposición del Maligno, y celebraba: "Estaba viendo a Satanás caer del cielo como un rayo" (*Lc* 10,18)."[96]

---

95 Documento de Aparecida. V conferencia General del episcopado Latinoamericano y del Caribe. Mayo 2007. Numeral 370

96 Exhortacion apostólica Gaudete et Exsultate del santo padre Francisco. Sobre el llamado a la santidad en el mundo actual. Numeral 159.

Lucha contra satanás, contra el mundo sin fe, y la lucha interior personal con las concupiscencias que hay que enfrentar para vencer y superar. Es importante luchar, mucho más cuando se va cayendo en la tibieza, "quienes sienten que no cometen faltas graves contra la Ley de Dios, pueden descuidarse en una especie de atontamiento o adormecimiento. Como no encuentran algo grave que reprocharse, no advierten esa tibieza que poco a poco se va apoderando de su vida espiritual y terminan desgastándose y corrompiéndose."[97]

El descuido en la vigilancia frente a tantas propuestas de espiritualidad del momento, y los distractores que se presentan para elevar el espíritu a través de mantras y energías, buscar la paz interior y la elevación del espíritu a través del esfuerzo humano y no por la gracia de Dios, son peligros que van desgastando y corrompiendo una sana vida espiritual. "La corrupción espiritual es peor que la caída de un pecador, porque se trata de una ceguera cómoda y autosuficiente donde todo termina pareciendo lícito: el engaño, la calumnia, el egoísmo y tantas formas sutiles de autorreferencialidad, ya que «el mismo Satanás se disfraza de ángel de luz» (*2 Co* 11,14)."[98]

"Velad, pues, hermanos, y conservad cuidadosamente la tradición que ahora recibís y grabadla en el interior de vuestro corazón. Poned todo cuidado, no sea que el enemigo, encontrando a alguno de vosotros desprevenido y remiso, le robe este tesoro, o bien se presente algún hereje que, con sus errores, contamine la verdad que os hemos entregado. Recibir la fe es como poner en el banco el dinero que os hemos entregado; Dios os pedirá cuenta de este depósito"[99]

---

97 ibid, numeral 164

98 opus cit, numeral 165

99 San Cirilo De Jerusalén, Catequesis 5, Sobre La Fe y el Símbolo

Signos y Prodigios por la Fe

Jesús da a los discípulos potestad al anunciar el evangelio. "Les da la potestad de hacer milagros, para que todos creyeran a aquellos hombres campesinos, sin gracia, elocuencia, ignorantes y sin letras que prometían el reino de los cielos; a fin de que la grandeza de las obras fuera una prueba de la grandeza de las promesas."[100] Las obras de poder son importantes no por el espectáculo que puedan dar sino por la grandeza de Dios, por la credibilidad de sus profetas y por la fe de quienes claman a Dios pidiendo una bendición, un milagro, una curación.

Signos y Prodigios en la Comunidad

"Toda la comunidad primitiva se consideró un don del resucitado, la asamblea escatológica de los aspirantes a la Basileia. El elevado guiaba a la comunidad desde el cielo por medio del Espíritu de Dios. La profecía y la taumaturgia actuaban en ella, éxtasis entusiásticos y la virtud curativa acompañaban su vida y su predicación. La tradición atribuye facultades carismáticas a otros muchos, además de los testigos de la resurrección."[101] Son muchos los signos y prodigios que realizó Jesús para dar a entender que el reino de Dios estaba en medio de ellos, por ello, los milagros se dan en la comunidad, una comunidad que se une para clamar, una asamblea litúrgica que se une en un mismo espíritu para clamar las bendiciones de Dios.

---

100 San Jerónimo. Comentario Mt 10, 6-8 https://www.deiverbum.org/mt-09_35-hasta-10_01-y-06-08/

101 Ludger Schenke. La Comunidad Primitiva. Salamanca, ediciones Sígueme, 1999. Pág 118.

La identidad del culto cristiano tiene dos elementos fundamentales: la palabra y el sacramento. "La predicación y el culto sacramental, junto a las actividades complementarias de la catequesis y de la reflexión teológica, polarizan el dinamismo de la comunidad cristiana. El anuncio del evangelio culmina en la vida sacramental. Las manifestaciones sacramentales de la Iglesia primitiva fueron el bautismo y la eucaristía. En realidad, no sólo la Iglesia lleva a cabo la misión sino, que la misión realiza la Iglesia. Por tanto, el sacramento primero del cristianismo es la comunidad, especialmente cuando está reunida."[102] La identidad de la comunidad que clama en su oración, con un solo corazón según las necesidades de la misma, es eficaz y, por tanto, la virtud curativa es acreditada por la escucha de la palabra, la cual confirma la misma fe de la comunidad.

El Pecado de la Humanidad es la Incredulidad.

No creen en los signos que Jesús ha realizado, aún plasmados en la palabra de Dios o piensan que Jesús los hizo en ese tiempo histórico y no los sigue haciendo en el hoy de nuestras vidas. Si no lo creemos definitivamente estamos profesando a un Cristo muerto y nuestro Cristo es vivo y real, resucitado en medio de su pueblo.

"Aquel discípulo que había dudado, al palpar las heridas del cuerpo de su Maestro curó las heridas de nuestra incredulidad. Más provechosa fue para nuestra fe la incredulidad de Tomás que la fe de los otros discípulos, ya que, al ser él inducido a creer por el hecho de haber palpado, nuestra mente, libre de toda duda, es confirmada en la fe. De este modo, en efecto, aquel discípulo que dudó y palpó se convirtió en testigo de la realidad de la resurrección."[103] Ya santo Tomás ha dudado y ha

---

102 Casiano Floristán, La Iglesia Comunidad de creyentes. Pág 60
103 San Gregorio Magno, Hom. 26 Sobre Los Evangelios

confirmado con su tacto la presencia del resucitado la fuerza y el poder de Dios, así el cristiano debe confirmar su fe para creer que se abren todas las posibilidades cuando se entrega a Dios.

Hoy podemos decir como el padre del joven perturbado por el mal: "creo, ayuda a mi poca fe" (Mc 9, 24). En muchos momentos de la vida, la fe se ve eclipsada por falsas seguridades y se cree imperfectamente. La única seguridad es Dios, y pedimos a él que ayude a creer, que nos sostenga para no caer en el vacío, en la nada, en el sin sentido de la vida. Dios saca de estas pruebas del mal una experiencia de fe y salvación para la vida, así fue el caso del padre de este joven perturbado por el mal, "el Señor permitió esto a causa del padre del muchacho, a fin de que viendo los maltratos que sufría de parte del demonio, fuese atraído a la fe en virtud del milagro que iba a obrarse."[104] Fue atraído a la fe, viendo el sufrimiento de su hijo y el maltrato que realizaba el espíritu del mal.

Los signos y prodigios requieren la fe, cuyo principio teológico es el deseo de Dios. Desear a Dios cada día y alimentar la fe, con docilidad, apertura relación. "La fe sin caridad no da fruto, y la caridad sin fe sería un sentimiento constantemente a merced de la duda. La fe y el amor se necesitan mutuamente, de modo que una permite a la otra seguir su camino."[105]

La Gramática de la Fe

"Para la teología cristiana la verdad de Dios y la salvación del hombre sólo pueden ser creídas, vividas y pensadas en una fe Trinitaria; la verdad cristiana tiene un ritmo Trinitario".[106]

---

104 San Juan Crisóstomo, homilia in Matthaeum, hom., 58
105 Carta apostólica Porta Fidei # 14
106 Cf., B. D. MARSHALL, Trinity and Truth, Cambridge 2000; B. BENATS, Il ritmo trinitario della verità. La teologia di Ireneo di Lione, Roma 2006.

Tanto en el creer, vivir y el pensar en la verdad de Dios nos llevan a redescubrir la revelación de Dios que entreteje la historia de la salvación para el hombre. Verdad que marcará el itinerario de la teología en la que Dios es el sujeto de la misma y el quehacer teológico descubre sus respuestas en el misterio Trinitario, comunión relacional en el amor y para el amor.

"En la historia protagonizada por él se ha manifestado Dios como el amigo de los hombres, en su rostro ha brillado la compasión de Dios Padre, en su vida se ha dado la actuación suprema del Espíritu Santo que abre a todos los hombres el horizonte de una nueva comunión con Dios. El Dios de Jesucristo es el Dios trinitario, Padre, Hijo y Espíritu Santo, el Dios que no solamente nos ama, sino que en sí mismo es amor (cf. lJn 4,8)"[107]

"El problema se sitúa sobre todo en que el hombre de hoy ha perdido la capacidad de escuchar e interpretar. Por lo tanto, el riesgo real es la pérdida de la gramática de la fe, y la gramática de la fe es el hombre. Es a él a quien hay que conquistar y a quien hay que entender en su lenguaje; en su constitución permanente y en sus códigos actuales y cambiantes para transmitirle la fe desde su propio lenguaje y gramática"[108]

En esta conquista del hombre que, inserto en la cultura de la secularización, el relativismo, la imagen, el fundamentalismo, requiere de la audacia de la escucha y la interpretación de esta realidad que le consume y le desacraliza. La conquista está en saber discernir los signos de los tiempos para llegar no sólo con el concepto de Dios sino con la experiencia de Dios. Es por eso que, frente a la crisis, "se ha producido un retorno especta-

107 Santiago del Cura Elena. Dios como Sujeto de la Teología: su relevancia en una cultura postcristiana y postsecular. Est Ag 45 (2008) 15-57. Pág. 26.
108 Ángel Cordovilla Pérez. Crisis de Dios y crisis de fe. pág. 29

cular de Dios hasta tal punto que podemos decir que al menos en la filosofía, Dios no ha muerto. Está en todas partes."[109] Por tanto, ya no se visualiza la crisis de Dios sino la revancha de Dios en la historia humana. Pero ahora, nos queda profundizar no en la crisis de Dios sino en la crisis de la fe, ya que podemos correr el peligro de convertir a Dios en obra nuestra, por tanto, es vital tener la claridad en el concepto de fe, las convicciones de fe y en la experiencia de fe. Concepto, convicciones y experiencia de fe con un Dios con el cual se puede establecer un vínculo o relación.

Un Dios en relación, es un Dios que me lleva a trascender desde la experiencia. Frente a una mentalidad postmoderna que ha ido distorsionando el auténtico rostro de Dios, el auténtico rostro de la fe, la verdadera experiencia relacional con el Dios vivo, en el que estamos vislumbrando en la cultura la "des-figuración, des-sacralización, des-historización, des-personalización de Dios",[110] se nos invita nuevamente a poner nuestra mirada en el misterio Trinitario como comunidad relacional, para llegar nuevamente a la personalización de Dios que actúa en la historia del hombre post moderno que busca su identidad sagrada desde el referente divino.

109 J. Grondin. "El retorno espectacular de Dios en la Filosofía": Concilium 119 (2010) 653-663
110 O. Gonzalez de cardenal, Dios, o.c., 110

Profesemos Nuestra Fe

"Alégrate cada día de tu fe. Sus artículos sean tus riquezas, como los vestidos de cada día para tu alma. Cuando te levantas, ¿no te vistes? Así también, recordando **el Credo**, viste tu alma, para que el olvido no te desabrigue y quedes desnudo. Hemos de vestirnos con nuestra fe."[111] "Desde su origen, la Iglesia apostólica expresó y transmitió su propia fe en fórmulas breves y normativas para todos (cf. *Rm* 10,9; *1 Co* 15,3-5; etc.). Pero muy pronto, la Iglesia quiso también recoger lo esencial de su fe en resúmenes orgánicos y articulados destinados sobre todo a los candidatos al bautismo: «Esta síntesis de la fe no ha sido hecha según las opiniones humanas, sino que de toda la Escritura ha sido recogido lo que hay en ella más importante, para dar en su integridad la única enseñanza de la fe. Y como el grano de mostaza contiene en un grano muy pequeño gran número de ramas, de igual modo este resumen de la fe encierra en pocas palabras todo el conocimiento de la verdadera piedad contenida en el Antiguo y el Nuevo Testamento» (San Cirilo de Jerusalén, *Catecheses illuminadorum*, 5,12; PG 33)."[112]

"Se llama a estas síntesis de la fe "profesiones de fe" porque resumen la fe que profesan los cristianos. Se les llama "Credo" por razón de que en ellas la primera palabra es normalmente: "Creo". Se les denomina igualmente "símbolos de la fe"."[113] «Este símbolo es el sello espiritual [...] es la meditación de nuestro corazón y el guardián siempre presente, es, con toda certeza,

---

111 San Agustín, Sermón 58
112 CEC # 186
113 Ibid. # 187

el tesoro de nuestra alma."[114] "Gran apoyo es la fe íntegra, la fe verdadera, en la cual nada puede ser añadido o quitado por nadie; porque la fe, si no es única, no existe en modo alguno."[115]

"Por diversos que sean los lugares, los miembros de la Iglesia profesan una misma y única fe, la que fue transmitida por los Apóstoles a sus discípulos."[116]

---

114 San Ambrosio, Explanatio Symboli, 1: PL 17, 1155C
115 San León, Sermón 24, En la Natividad del Señor
116 San Ireneo, Tratado. contra las Herejías, 1,10

Oración en Fe para obtener la Curación

Me abandono en tus manos señor Jesús

y en tu nombre declaro bendición para mi vida y mis seres queridos.

Hoy hago un acto de fe, creyendo que no hay nada imposible para ti

y declaro sanación de toda enfermedad emocional,

toda enfermedad interior, y toda enfermedad física.

Creo que esta oración en fe tiene poder para sanar mis sentimientos

y afectos, mis recuerdos dolorosos, mis traumas y odios

y sanar cada parte de mi cuerpo que esté perturbado por la enfermedad.

Por el poder de tu preciosa sangre,

que está recorriendo cada célula de mi cuerpo

hoy soy sano de toda dolencia física.

Por el poder de tus santas llagas

hoy me sumerjo en el manantial de tu amor

para ser curado y liberado de toda perturbación del mal.

En tu nombre Jesús hoy me declaro sano y libre

para la gloria de dios y declaro lluvia de bendiciones para mi familia,

mi trabajo y todos aquellos que quieren mi desgracia.

Gracias Jesús porque en tu nombre he sido restaurado, curado y liberado y por mi fe, he arrebatado estas bendiciones para mi vida. Amen.

Testimonio No 1
Curación de Leucemia

"Con la fe en Cristo Jesús, no hay nada imposible".

En mayo del año 2013 mi hijo **YESTER ALEXANDER MORENO VELÁSQUEZ** de 9 años de edad fue mordido accidentalmente por un primo en su brazo y lo que parecía algo tan simple se convirtió en el inicio de la pesadilla más grande para toda la familia. Ocho días después del incidente noté que el morado del niño seguía y me alarmé debido a que en ocasiones anteriores había presenciado otros en sus piernas, siempre lo pasaba por alto ya que él era el portero de la Sub 10 y me confiaba en que eran golpes del juego. Esa vez fue diferente y decidí llamar una amiga para contarle lo sucedido; ella consultó con un doctor amigo y a vuelta de llamada telefónica me informó que debía realizarle un hemograma completo lo más pronto posible. De inmediato lo llevamos a la clínica, me preocupé al ver tantas cifras en rojo, aun ignorando en ese momento los resultados. La recomendación médica fue hacerle más exámenes y ponerlo en manos de oncología, pediatría para seguir tratando el caso.

El dictamen fue Leucemia, sentí que la vida se me derrumbaba. Le practicaron más exámenes que fueron enviados a Guatemala para determinar qué tipo de Leucemia se le estaba desarrollando. Desde ese momento mi hijo fue internado en la clínica y a los tres días después el dictamen fue Leucemia Mieloide Aguda, que no es normal en niños sino en personas mayores de 25 años. Por lo tanto, el tratamiento debía ser inmediato y la vida de mi hijo dependía de un trasplante de médula ósea. Las quimioterapias fueron muy duras ya que su cuerpo no reaccionaba bien al tratamiento, mi hijo prácticamente esta desahuciado y me suplicaba que no lo dejara morir. Con dolor de madre se lo entregué completamente a Dios porque no estaba en mis manos su curación.

Un día estando en un restaurante, se nos acercó una señora al ver al niño sin cabello y con tapabocas para invitarnos a una misa de Sanación que realizaban un padre llamado Iván en la iglesia Santa Cruz todos los jueves. Así fue, estuvimos en la Eucaristía y en medio de la oración mi hijo se desmayó y pensaba que era por la multitud, de repente el padre empezó a decir que Dios estaba sanando un niño que venía con problemas de Leucemia, sentía mil cosas en mi cuerpo y mi madre me dijo "hija es contigo, es nuestro niño que está sano". Pasamos al frente y el padre le impuso sus manos a Yester y fue ahí justo cuando sentí que la pesadilla había terminado, sin embargo el padre nos recomendó terminar el tratamiento y que la sorpresa llegaría después. Desde ese momento sentía un gozo en mi corazón tan fuerte que ya no había tristeza al llegar a la clínica porque sabía y estaba segura que mi hijo estaba sano en el nombre del Señor.

El último examen residual que le practicaron fue el 27 de Enero de este año y el resultado que me llegó por correo de las pruebas realizadas en Costa Rica fue que estaba completamente SANO. Empecé a llorar de felicidad y agradecer a Dios por esta maravillosa obra. También me siento muy agradecida con todas las personas que se unieron en oración y por supuesto al padre Iván Cardona por su entrega al dolor de los demás, estará siempre en mis oraciones y que el padre celestial lo siga llenando del don de Sanación.

Doris Elisabet Velásquez
La Entrada de Copán – Honduras
Junio 07 - 2014

Testimonio No 2
Curación de hernias en la columna

Mi vida cambio la noche del 3 de noviembre del 2012.

Sentí unos fuertes calambres primero en mi pierna derecha y luego en la izquierda pensé que era cansancio y con la ayuda de mis hijas y esposo llegue acostarme, lo que no me imaginaba era que, a partir de ese momento quedaría inmóvil por varios meses. Yacía postrada con mucho dolor. Llamé a mi jefe el sr. Luis Alfonso Salazar, él envió a su esposa la sra. Emilsen Giraldo y una colaboradora María Julieth Restrepo, ellas conversaron con el doctor, pero todo fue en vano. Mi jefa me llevó a otro hospital a una consulta con el neurólogo por recomendación de un médico. El doctor me solicito una resonancia magnética y los resultados fueron 5 discos lumbares en mal estado.

Con este diagnóstico recurrí a médicos especialistas ellos fueron muy drásticos al decir que mis vertebras estaban tan desgastadas que pasaban por una persona de 65 años. Mi jefe le comento mi caso a su hno. Don Gildardo Salazar el muy amable se comunicó conmigo y me ofreció la ayuda del médico que operó de la columna. Al médico le envié la resonancia a Colombia y me explicó que tenía que hacerme un examen especial para diagnosticar hasta qué punto estaban dañados los discos y si había posibilidad de operación. Mi fe estaba por el suelo ante tanta realidad.

Hacía fisioterapia que era muy difícil. No podía trabajar, aun así, me dieron la oportunidad de cuando me sentía con ánimo fuera al trabajo. Fue allí en que el encargado sr. William Salazar sin esperar me invito a la hora de sanación que venía un padre invitado, en ese momento sin exagerar él era otro. Cambió su mirada y sus palabras eran seguras. El apoyó una de sus manos en mi antebrazo y me dijo " vaya que Dios la va sanar". le contesté un sí vacilante y él volvió a repetir las mismas palabras con firmeza y seguridad.

Por fin, llego el día y llovió como nunca y mi esposo me dijo "con esta lluvia no vamos a ir". Me destrozaron esas palabras me quedé en mi recámara llorando y como pude luego me postre y le pedí a Dios. Dije "Señor Dios ten misericordia de mí. No soy nada yo no puedo ir pero tú estás en todas partes, ten misericordia de mí. Le dije que estaba cansada de tantos medicamentos e inyecciones, lloré amargamente en esos momentos de súplica; en la mañana me fueron ayudar como de costumbre, conforme me movían no sentía nada, el dolor había desaparecido.

Llamé a mi compañero Alfredo Ocampo me recogió y le pregunté si había ido a la iglesia y me dijo que no, pero que Danilo le comentó que hubo sanación y que el padre dijo que se había sanado una mujer de hernias en la columna, no le dije nada hasta que llegamos y salí del auto, le dije: ¡mírame, camino bien ya! al entrar vi a William y me dijo, está sana María, está sana .

Salió el sr. Alfonso y dijo está sana.

Llego el Padre Martin Delgado y el Padre Iván y me contaron todo lo que sucedió en la iglesia. El padre Iván me mandó a realizar otra resonancia, pasaron los meses y cuando obtuve el dinero me realicé la resonancia. De las 5 hernias en los discos, 2 desaparecieron. La gloria a Dios Padre, a su Hijo Jesús que murió por nuestros pecados y al Espíritu Santo que dio su don al padre Iván Cardona.

María del Carmen Fajardo
Panamá

Testimonio No 3
Curación daño cerebral y riñones poliquísticos

"Aunque no veamos la respuesta inmediata de Dios, confiemos y esperemos en Él"

Hace Dos años nació mi tercer hijo, estábamos muy felices en familia ya que había nacido completamente sano según el pediatra que lo valoró. Cinco días después la angustia empezó cuando tuvimos que internar nuestro bebé de emergencia en cuidados intensivos. Después de varios exámenes se dieron cuenta que su organismo no procesaba una proteína llamada Luteína (uno de los 20 aminoácido esenciales para la formación de músculos y crecimiento), los médicos dijeron que si se lograba salvar el niño quedaría con retraso mental.

En medio de mi desesperación recurrí al padre Iván Cardona quien impuso sus manos haciendo oración de sanación para mi bebé; al día siguiente para honra y gloria de Dios, ya le habían quitado el oxígeno y solo tenía el suero que lo alimentaba. Como no lo podía lactar, debíamos conseguir una leche especial libre de esta proteína, pero vaya sorpresa que solo la vendían en USA y no la enviaban a otros países por políticas ya que son fórmulas infantiles reguladas.

La preocupación fue aún más grande y recurrimos a muchos medios y gracias a la ayuda del padre Saturnino Senis y sus familiares que viven allá, logramos conseguir la leche. A pesar de todo esto, mi bebé en ocasiones rechazaba esta fórmula lo cual le impedía su desarrollo y crecimiento. En su segunda recaía alrededor de los dos meses le detectaron un daño cerebral y el neurólogo nos dijo que este daño seguiría creciendo. Junto a esto mi angustia crecía cada día más, mi alma lloraba al ver que mi bebé casi no tenía esperanzas, sin embargo, seguía luchando y suplicando a nuestro Señor que tuviera misericordia y tomara la vida de él.

Pasó el tiempo y su tercera recaída fue a los ocho meses, esta vez le detectaron que sus riñones eran poliquísticos y que para eso tampoco había medicamente tratamiento y que si lograba llegar a sus 18 años lo más probable era que fuera sometido a diálisis, mi corazón no aguantaba más al ver que de los 5 pediatras ninguno me daba salida. Mi bebé ya no tenía fuerzas y su cabello, cejas y pestañas las estaba perdiendo, fue muy doloroso para mí verlo en ese estado pero continuaba implorándole a Dios por su sanación.

Lo pusimos en un tratamiento con medicina natural y los resultados fueron buenos, con el tiempo comprendí que mi fe estaba escasa y que esta prueba Dios me la había puesto para acercarme más a Él, para sanarme interiormente y renovarme. Las oraciones del padre Iván continuaban y el milagro llegaría después. A los 14 meses mi bebé sorprendía en cada consulta a los médicos, la evolución fue progresiva y la sanación que nuestro padre celestial nos regaló se dio en el momento justo. Su cabello, cejas y pestañas volvieron a salir y todos los exámenes que le realizaban del cerebro para la gloria de Dios salían sin daño alguno. Sus riñones dejaron de ser poliquísticos y el pediatra nefrólogo junto con los demás médicos, siguen sorprendidos porque los resultados salen normales sin ninguna alteración.

Andrea Martínez
Renovación Carismática de Choloma
Honduras, 2014.

Testimonio No 4
Sanación de hernia discal

Cierto domingo del año 2012, a muy tempranas horas del día, me levanté a podar las flores del jardín que hay a la entrada de nuestra casa, a petición de mi esposa que quería verlo más ordenado y bonito. Luego de un par de horas, quedó tal como mi esposa quería verlo, así que como premio me dediqué a descansar el resto de la tarde.

A partir de ese momento, comencé a experimentar un fuerte dolor en la parte media de mi espalda, que me impedía respirar adecuadamente, no podía permanecer erguido por mucho tiempo y además el dolor era intenso.

Comencé a medicarme con calmantes, paños de agua tibia y ejercicios de estiramiento para minimizar el dolor que me había ocasionado la exigencia de aquel día memorable de jardinería.

Luego de algunos días, el dolor fue desapareciendo y todo parecía volver a la normalidad. Pasados algunos meses, el dolor regresó, esta vez sin haber realizado ningún esfuerzo físico que pudiera haberlo ocasionado. Por tal razón, asistí a una botica o droguería, para que me fuese aplicada una inyección para calmar el dolor, pues los síntomas apuntaban a que era un espasmo o lumbago como lo conocemos.

Así pasaron varios meses, conviviendo con ese dolor, así que, por recomendación de mi esposa, solicité cita médica, para lo cual me indicaron que se trataba de un dolor lumbar ocasionado por un mal movimiento, así que fui medicado nuevamente con inyecciones y calmantes.

Todo indicaba que tendría que convivir con esta situación de salud, ya que hasta el montar en bicicleta producía este dolor, era complicado realizar actividad física.

El día viernes 6 de Junio de 2014, dos días antes de pentecostés, fue invitado por el Pbro. José Reynel Cano, párroco de la Parroquia Nuestra Señora de Fátima del barrio Fátima, el padre Iván Rodrigo Cardona Ríos, párroco de la Parroquia Nuestra Señora de Lourdes del barrio la Emilia, para que dirigiese la Vigilia de Pentecostés, organizada para ese día.

En el momento de la hora santa, frente al santísimo sacramento de la Eucaristía, me coloqué de rodillas durante el tiempo que pude hacerlo, pues el dolor en mi espalda no me permitía permanecer demasiado tiempo en dicha posición, así que me senté en mi silla para seguir orándole al señor.

En ese momento, mientras me encontraba en oración sentado en la silla, experimenté un fuerte dolor, como si me hubieran punzado mi espalda, el cual me hizo arrodillarme nuevamente, hasta que el dolor fue disminuyendo.

Una vez finalizada la oración frente al santísimo, el Padre Iván a través de su carisma, indica que el Señor había realizado sanaciones en ese lugar, entre ellos, sanación de migrañas, de enfermedad del cerebro y sanación de hernias discales.

Así terminó ese día maravilloso, pero no me imaginaba, que aquellos dolores que había experimentado y con el que había convivido por más de dos años, aquel día desaparecería.

Investigando a través de Internet los síntomas de la hernia discal, me encontré que todos ellos coincidían con la sintomatología que había experimentado durante tantos años.

Pues durante años, estuve con una hernia discal que ni los médicos habían diagnosticado ni yo mismo sabía que tenía.

Ese día, el señor Jesús, me curó y hoy doy fe de ello para que todo aquel que lea este testimonio crea en el poder infinito de nuestro Señor Jesucristo.

Albeiro Rivera Rivera
Palmira Valle, Colombia

Conclusión

Vivimos una etapa de la historia en la cual las creencias, las supersticiones, el deslumbramiento por las maravillas que ofrece el mundo tecnológico, científico y globalizado de hoy, se convierten en un barniz falso que lleva a experimentar una fe errónea, porque muchos dicen creer, pero ¿en qué clase de Dios? Un dios construido a la imagen y semejanza o el Dios de la historia de la salvación que camina con el hombre y le confronta en su ser y quehacer.

El creer sin pertenecer es el slogan del hombre religioso en el que no quiere asumir responsabilidades, es una creencia cómoda y superficial que no me exige y que es permisivo a mi necesidad. Una fe emocionalista, sin convicciones y sin caridad permite al hombre de hoy estar en búsqueda desmedida de encuentros emocionales sin conversión y sin compromiso social. "La fe sin la caridad no da fruto, y la caridad sin fe sería un sentimiento constantemente a merced de la duda. La fe y el amor se necesitan mutuamente, de modo que una permite a la otra seguir su camino."[117]

La duda va apagando el cultivo de la fe que se va nutriendo día a día en los medios de crecimiento como la oración, los sacramentos y la vida de comunidad. Por ello, la fe debe vencer el escepticismo y la incredulidad para continuar su camino de perfección confirmado en los frutos del Espíritu. Es vital creer en Dios pero también es importante sostenerse en esa fe a pesar

117 Benedicto XVI. Carta apostólica en forma de Motu proprio Porta Fidei.# 14.

de las sombras que quieran empañar su itinerario en la vida del cristiano.

Bibliografía

Benedicto XVI. Carta apostólica en forma de Motu proprio Porta Fidei.

Biblia de Jerusalén. Bilbao, editorial Descleé de Brouwer, 1999

Brown, Raymond E; Fitzmyer, Joseph A; Murphy, Roland E. Nuevo comentario Bíblico San Jerónimo. Editorial Verbo divino, navarra, 2004.

Cantalamessa, Raniero. Con Cristo en el Tercer Milenio. Editorial monte Carmelo, Burgos, 2004.

Cantalamessa, Raniero. La fe que vence al mundo. Sociedad de san Pablo, Bogotá. 1995.

Cantalamessa, Raniero. Los Misterios de Cristo.

Cantalamessa, Raniero. Un himno de silencio. Editorial monte Carmelo, Burgos 2006

Carta apostólica en forma de Motu proprio Porta Fidei, Benedicto XVI. 2011

Carrillo, salvador. El evangelio según san Marcos. Editorial Verbo Divino, Navarra, 2008

Catecismo de la Iglesia Católica. Santa fe de Bogotá, editorial San Pablo, 2000

Concilio de Trento. Decreto de Giustificatione. 1545-1563

Constitución dogmática Dei Verbum. Concilio vaticano II 1969

Constitución dogmática Lumen Gentium, concilio vaticano II 1969

Cordovilla Pérez, Ángel Crisis de Dios y crisis de fe. (2012)

Charles Harold, Dodd. Il fondatore del cristianesimo. Leumann, 1975

Documento Aparecida. V conferencia General del episcopado Latinoamericano y del caribe Mayo 2007.

Del Cura Elena, Santiago. Dios como Sujeto de la Teología: su relevancia en una cultura postcristiana y postsecular. Est Ag 45 (2008) 15-57.

Encíclica El Esplendor de la Verdad. Juan Pablo II. Roma 1993

Exhortación apostólica Gaudete et Exsultate del santo padre Francisco. sobre el llamado a la santidad en el mundo actual.

Fayard, Carlos. Cultura, neurociencia y espiritualidad: abordaje neuropsico-espiritual en psicoterapia.

Floristán, Casiano. La Iglesia Comunidad de creyentes. Ediciones Sígueme, Salamanca,1999

Guijarro, Santiago. Los cuatro evangelios. Ediciones Sígueme, Salamanca 2012.

Laín Entralgo, Pedro. Mysterium Doloris. Hacia una teología cristiana de la enfermedad. Publicaciones de la universidad internacional Menéndez Pelayo, Madrid, 1955.

Moltmann, Jurguen. Teología de la esperanza. Ediciones sígueme, salamanca, 2006.

Rábano Mauro, En Catena Aurea Matco 15, 21-28 http://hjg.com.ar/catena/c174.html

Ratzinger, Joseph. Skandalöser Realismus? Gott handelt in der Geschichte, BadTölz: Urfeld, 4ta. Edición, 2008

San Agustín, De Spir. Lit. 31, 54:CSEL 60

San Ambrosio, Explanatio Symboli, 1: PL 17, 1155C

San Atanasio, Carta I A Serapión

San Cipriano de Cartago, De Ecclesiae catholicae unitate

San Cirilo De Jerusalén, Catequesis 5, Sobre La Fe Y El Símbolo

San Gregorio Nazianceno. Poemas teológicos El Padre: PG 37

San Gregorio Magno, Homilía 26 Sobre Los Evangelios

San Ignacio de Antioquía a los Efesios 13-18,1

San Ireneo, Tratado Contra Las Herejías

San Jerónimo, En Catena Aurea.

San Juan Crisóstomo

San Juan De La Cruz, Cántico Espiritual

San León, Sermón 24, En La Natividad Del Señor

San Remigio, En Catena Aurea

Sánchez-Cervera de los Santos, Javier. Catequesis sobre la oración Benedicto XVI. Editorial Ocdmx.org, https://books.apple.com/hn/book/escuela-de-oraci%C3%B3n/id676187648

Santo Tomas de Aquino. Summa Teologica III parte II-II (a). Biblioteca de Autores Cristianos. Madrid 1988.

Santo Tomás de Aquino. Suma contra los gentiles, III

San Vicente De Lerins, Conmonitorio

Schenke, Ludger. La Comunidad Primitiva. Ediciones Sígueme, Salamanca, 1999.

Schmid, Josef. El evangelio de San Marcos. Editorial Herder, Barcelona, 1967.

Sicouly, Pablo. El obrar divino en la historia como objeto de fe. Benedicto XVI y Santo Tomás de Aquino. Articulo. Pontifica universidad católica de Argentina. 2012

Zambrano, María. Una aproximación al sentido de la esperanza. Discusiones Filosóficas. Año 16 Nº 26, enero – junio 2015

Made in the USA
Middletown, DE
31 August 2020